本书系国家社科基金重大项目

"提升面对重大突发风险事件的媒介化治理能力研究（21&ZD316）"的阶段性成果，

受到2023年广州市宣传思想文化领军人才项目的资助。

# 粤港澳大湾区
# 舆论引导与舆情应对
# 精品案例

## 基于媒介化治理的思考

李春雷　黄楚恒　肖　娟 ◎ 编著

上海三联书店

# 目　录

## 前沿观瞻

## 学界观察

## 经验提升

实 践 案 例

# 2023 年内地与香港全面恢复通关

## ——促进情感共同体建设

## 一、事件简介

2023 年 2 月 6 日零时起，全面恢复内地与港澳人员往来，取消经粤港陆路口岸出入境预约通关安排，不设通关人员限额；恢复内地居民与香港、澳门团队旅游经营活动，引发各界高度关注。相关话题在抖音、微信、微博、Facebook、Twitter、YouTube 等境内外新媒体平台讨论热度高。本文拟通过探索内地与香港信息差异化传播特点及规律，助推媒介化治理效能提升。

## 二、湾区网络舆情媒介化治理策略分析

### （一）以公众诉求为导向，精准回应情感诉求

在 2023 年 1 月香港与内地实施首阶段通关时，公众的基本情感需求主要是"探亲团聚"。而随着春节的结束，新年伊始，公众对经济复

苏的需求变得更为突出。然而，由于此前三年疫情的不确定性，公众的风险感知能力不断增强，更需要媒体充分发挥作用，对公众的风险感知进行情绪调节，将"期待"转化为信心。因此，舆情治理的重点应该是利用内地与香港全面通关的新闻，以恢复公众对大湾区经济复苏的信心。

相关数据显示，全面通关的举措对金融、餐饮、零售行业的焦虑情绪有最明显的缓解效应，此三者较首阶段通关时的日均焦虑情绪降幅在各个行业中排名最前，这得益于媒体在经济层面对内地与香港全面恢复通关进行了预测性报道。例如，2023 年 2 月 5 日 "香港 01" 刊发的《陈茂波：全面通关带来正面气氛　惟经济恢复有过程》，通过采访香港财政司司长

图 1-1　"香港 01" 关于全面通关经济预测的资讯

陈茂波，为公众提供针对性的经济预测和复苏动向的信息，满足公众对经济复苏的期待，精准回应了公众的情感诉求，有助于公众更好地理解大湾区的经济发展态势。

在内地与香港全面恢复通关的案例中，媒体通过对信息源的广泛搜集和筛选，与政府部门、专家学者、行业领袖等多方面进行沟通和合作，获取最新的政策信息、经济数据、行业动态等。例如 2023 年 4 月 13 日，国际日报网发布的《北京、长沙、乐山……这些香港高官议员假期都来内地玩》，通过采访香港特区政府财政司副司长黄伟纶，及时介绍全面通关对于两地旅游业的积极效应；2023 年 4 月 18 日，香港新闻网发布的《五一港澳游火爆香港议员盼政府做好预案》，报道为适应全面恢复通关后首个"五一"黄金周，内地游客赴港旅游人数激增的情况，内地增加赴港澳签注智能办理点；还报道了香港立法会议员郑泳舜讲述为迎接内地游客，香港方面在体育、文化、旅游等相关工作方面的积极筹备，以及香港市民"五一"黄金周为赴内地旅行申请回乡证续签的相关信息，回应两地民众

图 1-2　国际日报网全面通关的资讯

### 五一港澳遊火爆 香港議員盼政府做好預案

分享到：

2023-04-18 10:58　　稿件來源：香港新聞網　　　　　　　　【字號：大中小】

香港新聞網4月18日電 隨著內地五一黃金周的臨近，廣州居民申辦赴港澳簽注更趨火爆。香港立法會議員鄭泳舜期望特區政府因應廳大人流做好預案，給旅客帶來良好旅遊體驗；又建議將過期回鄉證的使用期限延長半年、取消"黑碼"等，方便港人"北上"。

图 1-3　香港新闻网关于全面通关的资讯

对于全面恢复通关后首个"五一"黄金周如何出入境等具体关切的同时，也在一定程度上增强了民众对全面恢复通关后两地未来发展的信心。

图 1-4　"广州新闻电台"抖音号关于
全面通关的资讯

此外，媒体在此次香港与内地全面通关事件中通过准确的报道和信息传递，帮助公众更好地理解全面通关对于大湾区的经济复苏进程，并增强他们对未来的信心。不仅是文字类新闻报道，官方媒体也灵活运用短视频在各类社交平台进行传播，构建出形态丰富的传播矩阵。例如，在"广州新闻电台"抖音平台的"#香港和内地将全面通关#短视频集合消息通知""期待、激动：香港市民连夜入境转一转，深港陆路口岸首位入内地的港客穿人字拖到内地吃个宵夜就返港""香港居民表示要去深圳看看自己的房子"等短视频新闻以公众喜闻乐见的方式及时为市民提供了最新资讯，且阅读门槛较低，传播范围更广。

### （二）以国家发展为引领，推动情感共同体建设

内地与香港全面恢复通关的消息流出后，社会各界都十分关注后续的具体政策。媒体将有关内地与香港全面恢复通关以及大湾区合作建设的新闻结合报道，将香港融入国家发展大局，强调香港"背靠祖国，联通世界"的独特优势，不仅加强了内地和香港之间的联系，也为香港融入国家发展大局提供了新机遇。2023 年 2 月中旬，香港商报网、经济导报网等媒体刊发相关文章《香港与内地恢复全面通关　大湾区建设启动"加速键"》、香港电台在其 YouTube 频道内发布视频等，基于内地与香港全面恢复通关，从提振湾区经贸人文交流、深化深港澳紧密合作等角度，阐述香港在粤港澳大湾区建设中担任的"超级联系人"角色。这不仅在顶层设

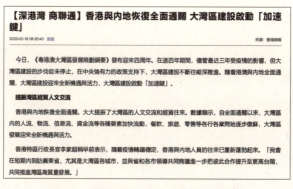

图 1-5　香港商报网关于全面通关的资讯

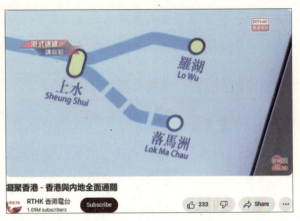

**图 1-6 "RTHK 香港电台" YouTube 账号关于全面通关的资讯**

计上给了香港市民极大的信心，也让两地民众在媒介交流中形成情感共同体，更好地适应国家发展的需要。

除了将内地与香港全面恢复通关和大湾区合作建设的新闻结合报道外，官方媒体还通过社交媒体积极与网民进行互动，利用社交媒体平台发布全面通关后的生活与旅游攻略，将公众的关注点与大湾区建设紧密联系在一起实现情绪传播。例如，《每日经济新闻》在知乎平台发布的话题 #1 月 8 日起，香港与内地将实施首阶段"通关"，每日允许最多 6 万名香港人进入内地，将产生哪些影响？#，在知乎中引发了各类网民与知识博主的讨论，其回答不乏专业性数据与预测性展望，专业资讯与情绪渲染共存。社交媒体的参与不仅集中于加速推进粤港澳大湾区"一小时生活圈"的建设，还强调全面通关对未来大湾区合作带来的长期效应。这种正向积极的报道不断渲染，促进"区域合作"推动经济复苏的概念深入人心，推动形成情感共同体。

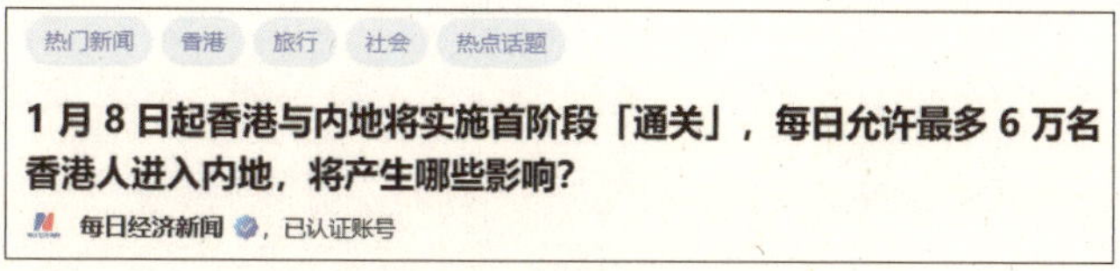
热门新闻 香港 旅行 社会 热点话题

**1月8日起香港与内地将实施首阶段「通关」，每日允许最多6万名香港人进入内地，将产生哪些影响?**

每日经济新闻，已认证账号

图 1-7 《每日经济新闻》知乎平台话题

“365理财工作室”作为持有基金从业资格证的自媒体，通过引述香港特区政府资讯科技总监黄志光的相关消息，精准分析了全面通关给香港带来的各项利好，通过与网民互动促进香港与内地各地的人员交流和合作，增进彼此的了解与友谊。在塑造情感共同体上发挥了正向作用：进一步推进大湾区合作建设；加强香港与内地城市的经济、科技、教育、文化等领域的交流与合作；促进资源共享、优势互补，增强香港在国家发展中的地位和作用。

在内地与香港的自媒体与官方媒体的共同发力之下，将“香港内地全面通关”融入国家发展大局，民众主动参与到公共讨论中来，共建出地域特色舆论场。这样的努力将有助于形成更加紧密的情感共同体，为大湾区的建设和发展注入更多的活力。政府可以与香港社会各界保持密切联系，及时传达国家发展战略和政策，解答相关疑问，增强社会各界对国家发展大局的认同感。

媒介的逻辑正嵌入社会治理的活动中，在全面恢复通关的舆情分析中，网络媒体贡献的舆论数据最多，重点来源于腾讯新闻网、今日头条、网易新闻等。官方媒体和自媒体通过网络媒体积极宣传大湾区合作的成果和前景，突出香港在国家发展中的重要地位和作用，通过在连续性的社会实践过程中进行共同记忆建构，增强公众对于香港融入国家发展的认同感和归属感，促进香港融入国家发展大局情感共同体的构建，进一步加强区域合作的概念，形成"想象的共同体"，并形成共同的情感共鸣，助力加强香港与内地以及大湾区各城市之间的合作与交流，为经济复苏和可持续发展作出更大贡献。

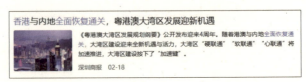

**图 1-8** 《深圳商报》关于全面通关的资讯

**图 1-9** 《深圳特区报》关于全面通关的资讯

## （三）以社交媒体为平台，建设圈层传播新格局

圈层传播起源于群体情感价值的诉求，社交媒体凭借交互式的信息分享模式与精准的算法推荐技术成为媒介化社会最为重要的平台。在香港内地全面恢复通关事件的舆情分析中，社会舆论态度主要为"鼎力支持"，

并且通过评论区与相关话题相聚集，在圈层传播中形成了社会舆论力量。

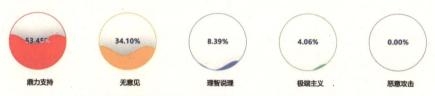

图 1-10　广州网络舆情数据研究院监测数据：内地与香港全面通关社会舆论态度

　　此外，媒体充分利用了社交媒体以用户为中心的优势，扩大了正面报道的传播范围，增强了全面通关给公众带来的积极情感价值。例如，发布在抖音平台的短视频新闻 # 香港和内地将全面通关 # 页面，短视频集合消息通知、签证攻略，评论区就有大量网民咨询通关后的交通、手续等问题。该评论区作为一个小圈层，具有相同信息需求的网民聚集在此，互相回应有关问题的同时也提供了群体情绪价值，在媒介化治理中发挥了重要作用。通过社交媒体，媒体机构能够更好地与用户互动，了解他们的需求和反馈。这种双向的沟通机制为媒体提供了宝贵的机会，以更好地传递信息和观点。

图 1-11　微博网民关于全面通关的评论

社交媒体的普及使新闻报道不再局限于传统的媒体平台。媒体机构可以通过各种社交媒体平台，如微博、微信公众号、Facebook 等，将新闻内容快速传播给更广泛的受众群体。这种传播方式能够突破时空限制，让信息在瞬间跨越国界，触达全球。例如，内地民众在内地媒介发布的到港旅行体验以正面为主，境外社交平台传播中，媒体也充分利用了这一优势，将正面报道的传播范围扩大到更多的人群当中，更好地呈现全面通关事件给公众带来的积极情感价值。他们可以通过图片、视频、文字等多种形式，将事件的细节和背景呈现给民众。这种多媒体的呈现方式，可以更好地激发民众的兴趣和共鸣，使他们更容易理解和接受报道内容。

在境外 Facebook 及境内抖音、小红书等社交媒体中，大量网民为该

图 1-12　《证券时报》抖音号关于全面通关的资讯

图 1-13　"新华香港"Facebook 账号关于内地游客赴港旅游的资讯

事件提供了更多的细节和信息，而内地与香港的关注议题存在明显的差异性，内地传播主体主要关注全面通关不需要预约、取消核酸检测、交通方式逐步开放、签证攻略等信息，以及内地与香港民众对通关的激动情绪，侧重全面通关重要性的信息传递。

　　香港的权威机构、媒介平台以及社会群体，一方面关注经济复苏层面，尤其是给零售、餐饮等消费服务业带来的正面效应。中国评论通讯社的数据显示，全面通关对金融、餐饮、零售行业的焦虑情绪有最明显的缓解效应。另一方面，关注全面通关后对香港社会生活的影响，如香港医院未出现人流激增的情况、深圳"反向代购"网红饮料到港；社会群体则较为关注港人在内地生活的攻略，如 WeChat Pay HK 内地付款攻略等，更容易引发讨论，引导公众思考和参与互动，加强公众对全面通关事件的关注和参与，同时也有不少声音呼吁特区政府要及时把握契机，在推动深港深度融合发展及大湾区建设等区域合作上大步向前迈进，反映"融入国家发展大局"已逐步成为香港社会的多数共识等。

虽然内地与香港传播主体在信息传播议题的选择上存在明显差异，但双方都充分利用了社交媒体以用户为中心的优势，以扩大正面报道的传播范围，增强全面通关给公众带来的积极情感价值，让媒体机构更好地与受众互动，传递信息和观点。同时，各传播主体通过多样化的呈现方式和深度报道，让读者能够更加全面地了解事件的背景和影响，促进社会对全面通关事件的关注和理解。

## 三、结语

在关于内地与香港全面通关事件的湾区传播中，媒介化治理与媒介化社会背景相互交织，这在许多典型报道中得到了具体体现。

第一，媒体在湾区传播中，有效地传递了社会事件的信息。通过新闻报道和社交媒体平台上的信息传播，媒体向公众介绍了重要事件的衍生含义。报道内容翔实，包含了事件的起因、过程和结果，帮助公众全面了解事件的背景和影响。同时，官方媒体和自媒体通过社交媒体平台与用户建立更紧密的联系，提供群体情感价值。以香港内地全面通关为契机，通过分享通关带来的各种变化和挑战的相关故事、观点和经验，引发公众的共情与讨论，增强了社会凝聚力。

第二，媒体在湾区传播中，对社会事件进行了深入的分析和评论。媒体通过专题报道、评论文章等形式，对全面通关事件进行了多角度、多层次的分析。媒体不仅关注事件本身，还关注事件的背后原因、社会影响等方面。这些深入的分析和评论帮助公众更好地理解通关对经济、生活等层面带来的影响，引发了广泛的讨论和思考，网民们纷纷参与表达自己的观点和看法，推动舆论的形成和正向发展。

值得注意的是，社交媒体的使用也存在一些挑战和风险。由于信息传播的速度和广度，有时会出现虚假信息或不准确的报道。媒体机构需要在使用社交媒体时保持谨慎和客观，核实信息的真实性和可靠性。此外，社交媒体使用也需要遵循相应的法律和道德规范，确保信息的合法性和公正性。

本案例的网络舆情媒介化治理创新点在于精准回应公众情感诉求，融入国家发展大局，加强区域合作，形成情感共同体。通过对公众情感诉求的精准回应，媒体能够更好地与公众进行互动和沟通，建立起互信和共识。同时，媒体将湾区的发展与国家发展大局紧密结合，强调湾区的重要性和影响，进一步增强了公众对湾区的认同和关注。此外，媒体还通过加强区域合作，促进了湾区与其他地区的交流与合作，形成了情感共同体，推动了湾区的发展和繁荣。

从本案例出发，可以借鉴多层级媒介共同发力，提供群体情感价值，融入国家发展大局，凝聚共同体的经验，为未来类似事件的网络舆情媒介化治理提供借鉴。通过不断优化和创新网络舆情的治理策略，媒体能够更好地引导舆论，凝聚社会共识，为社会的和谐发展作出贡献。

## 参考资料

［1］中评数据：全面通关令香港民心大振.https://mp.weixin.qq.com/s?__biz=MzA3MTAyMzAxMg==&mid=2650540960&idx=1&sn=81b9ac34582916f05f6f17674d17ef6d&chksm=873b4b6bb04cc27dd5e5de353a06f82bd32f174dea4ce6b8f5547eab46f5aa8e115f3df19110&scene=27。

［2］沈正赋.风险社会与媒介化治理之间的关系建构与影响互构［J］.新闻与写作，2023（06）:13-23。

［3］杨月.关系互构与新交往：社会治理的媒介化［J］.青年记者，2023（02）:50-52.DOI:10.15997/j.cnki.qnjz.2023.02.001。

［4］周海燕.作为媒介的记忆，与作为记忆的媒介［J］.新闻与写作，2022（02）:1。

# "澳车北上""港车北上"加速粤港澳三地互联互通

## ——坚持丰富媒介要素，主动融合海内外平台

## 一、事件简介

近年来，随着粤港澳大湾区建设的稳步推进，粤港澳三地人员往来、经贸合作更加紧密和频繁。"澳车北上""港车北上"是粤港澳大湾区互联互通领域的一项政策，有助于加快粤港澳大湾区的深度融合，进一步打通粤港澳大湾区供应链、产业链、服务链，加速人流、物流、资金流、信息流的互联互通，也成为大湾区一体化发展的"助推剂"，为大湾区经济注入崭新活力。

"澳车北上""港车北上"政策实行后，粤港澳大湾区媒体坚持丰富媒介要素，主动融合海内外平台，实现内容全域分发。两地主流媒体借助图文、短视频等形式，在微博、抖音等社交媒体平台介绍政策申报流程、直击通关首日情况等，并借助政务新媒体、网民转发等形式进行二次传播。在海外社交媒体账号中，矩阵推送政策，并迎合受众理解偏好，运用数据分析、科普漫画等创作手法解读政策。自政策颁布实施至今，各大平台舆

论信息合计逾 21 万篇次。其中，各大网站、移动客户端等平台转载信息约 19 万篇次，新浪微博＃港车北上首辆香港单牌车驶入粤＃、＃港车北上 6 月 1 日起接受申请＃等话题阅读量均破百万。

## 二、"澳车北上""港车北上"媒介化治理策略分析

### （一）构建海内外媒体立体传播格局，实现内容全域分发

习近平总书记提出："现在，国际上理性客观看待中国的人越来越多，为中国点赞的人也越来越多。我们走的是正路、行的是大道，这是主流媒体的历史机遇，必须增强底气、鼓起士气，坚持不懈地讲好中国故事，形成同我国综合国力相适应的国际话语权。"作为对外开放前沿，粤港澳大湾区是中国与海外进行合作交流最密切的地区之一。"澳车北上""港车北上"作为惠及粤港澳大湾区民众的重要政策，持续促进三地的互联互通。对此，主流媒体把握机遇，主动联合海内外媒体，实现海内外平台全域分发，讲好中国故事、传播好中国声音。

其一，在本地媒体平台上，境内主流媒体通过 App 宣传惠民政策，并且联合短视频平台推出系列报道，用生动活泼的报道介绍政策申报流程、直击通关首日情况，并联合微博等社交媒体平台上的政务新媒体打造系列报道，通过与网民的互动实现多级传播。其中，央媒对该政策给予了高关注度，如新华网推出《相互奔赴暖消费　共绘优质生活圈》相关报道，实时报道粤港澳大湾区协同发展的发展趋势。随后，人民网、中国经

济网、《中国信息报》等超过数十家官方媒体在微博、微信、门户网站等多家平台进行转载报道，实现了政策的境内多区域宣传。另外，在2023年中秋、国庆"双节"期间，广东广播电视台《湾区最新闻》栏目聚焦港珠澳大桥，综合香港新闻网、大湾区之声信息来源，发布《这个长假，港珠澳大桥太火了！出入境车辆居全国口岸首位！》，报道"双节"期间经珠海公路口岸出入境港澳单牌车超过4.6万辆次，环比增加60%，展现"澳车北上""港车北上"成为口岸通关主力，消息引起光明网、北青网等央媒关注并转载。

其二，互联网的兴起也使得网络媒体不断地加入事件传播主阵地，在此事件中，网络媒体的传播声量最大，超9万篇次。其中今日头条、抖音、网易等网络媒体成为主要舆论来源。传播社会系统内各子系统存在着协同和自组织的特点，被赋权和赋能的个体力量被激活，演化成为社会的有机系统，成为传播场域中新的"传声筒"。而无论是网络媒体中的意见领袖还是普通网民，都在较大程度上参与了事件的讨论与转发，推动了内容在本地平台上的分发，提升了政策影响力与传播力。例如在2023年中秋、国庆假期后，网络财经自媒体"智谷趋势"发布《罕见一幕发生！港珠澳大桥被挤爆，大分化时代终于来了》，凸显"澳车北上""港车北上"政策对两地的利好。

其三，在海外媒体平台上，主流媒体通过其构建的新媒体传播矩阵推送信息，并贴合网民偏爱和喜好，运用数据图表、科普漫画等创作手法解读政策，使得港澳政策顺利传达到民众当中去。例如，澳门特别行政区新闻局发布"澳车北上 10 月 1 日起试行预约通关新安排"的政策，并以海报形式加以说明。中央人民政府驻澳门特别行政区联络办公室转载了该则政策通告，并告知民众相关咨询政策与答疑的网络渠道，更好地为民众提供政策便利。另外，多家自媒体自发在 Twitter、Facebook 等社交媒体平台上发布相关帖子，例如"继澳车北上之后港车也能北上了？""澳车北上，两地通行越来越方便""封关在即，澳车北上，即将全面实现"等帖子，介绍了"澳车北上""港车北上"的通关消息，确保了内容在海外受众的覆盖范围，提高曝光率，在一定程度上拓宽了粤港澳大湾区政策在境外的传播力。

图 2-1 "澳车北上"预约新规定海报

表 2-1 "澳车北上"试行预约通关新安排

| 安排 | 每月预约次数 | 预约限制 |
|---|---|---|
| 试行安排 | 每月最多 3 次通关预约出境澳门; | 当月每次通关预约已使用后（出境澳门）才可以再次进行预约;<br>已预约但没有通关记录,于翌日开始不接纳其当月预约出境澳门。 |
| 新安排前已预约通关的过渡性安排 | 按旧预约规则,车辆于 10 月内的预约记录可超过 3 次,市民仍可按预约记录出境澳门;<br>预约少于 3 次者,按新试行安排规定。 | 9 月份违反已预约但没有通关记录达 2 次或以上的车辆,按旧预约规则不接纳其于 11 月 11 日起预约出境澳门（具体日子视失约次数而定）;<br>10 月份则按新试行安排规定。 |

## （二）充分发挥新媒体技术传播优势,提升内容传播效率

互联网时代,媒介系统已全面渗透进社会治理体系当中,媒介逻辑与政治逻辑、社会逻辑紧紧地联系在一起,激发了媒介化治理等相关议题的讨论。媒介系统以其自身逻辑脉络嵌入到社会治理当中,在给传统治理范式带来挑战的同时也带来了新的契机。媒介技术的赋权不仅为公众的话语表达提供了机会,还提高了政府传播的质量与效率。

在本案例中,港澳媒体利用信息媒介技术提高了政府的传播效率与质量,通过制作简易清晰的视频为公众进行指引,同时利用数字技术快速、广泛地传播信息,包括政策、计划、项目进展等。社交媒体、政府网站和移动应用程序作为本案例中推广信息的有效平台,覆盖更广泛的受众,提高了传播效能。深圳卫视与香港电台推动媒体融合实现了移动传播,合作推出创新栏目——《CHILL 爽自驾游》,沉浸式让观众体验香港人在

深圳租车自驾一日行，体现"港车北上"政策让香港与内地的交流更加"无缝对接"。

图 2-2 《CHILL 爽自驾游》节目

与此同时，相关部门通过发布在线报告和数字文件，增强了公众对政府行为的理解和信任，提高政府传播的公信力。如港珠澳大桥珠海口岸发布了《港车北上、湾区融合——湾区商业趋势洞察蓝皮书》，蓝皮书指出，从"9+2"粤港澳大湾区城市群战略到"澳车北上""港车北上"两大利好政策相继落地实施，坐拥全国唯一"一地三通"陆路口岸的珠海，占据独有优势，成为湾区商业获取港澳客流红利的焦点。环球网等转载央视网典型报道——《我国经济发展韧性和潜力如何？一组数据带你看》，着重强调港珠澳大桥单日出入境车辆突破 1 万辆次，凸显港澳通车政策的影响力。以媒介技术赋权增强政府传播的效能，使政府与公众更紧密地连接，实现更加透明、高效和高参与度的政府传播。

### （三）积极推进多元主体媒介化共治，增进公众情感共通

媒介化治理强调的是一种多元主体协同参与，是一种过程性的治理实践，其目标是实现多主体间的情感共识与社会凝聚。在本案例当中，南方财经网、广州广播电视台、《深圳特区报》、香港新闻网、香港《文汇报》等多家大湾区媒体普遍围绕"事件"的在地化攻略，在契合民生需求的事件上发起相关话题讨论，解答公众疑惑。其中，香港《文汇报》报道《港车北上敲定！司机申请必看》、南方财经网报道《"澳车北上"车险能不能单独买？如何理赔？是否覆盖横琴深合区？澳门金管局披露 13 个常见问题》等，香港 01、香港电台等媒体走亲民路线，主要在 Twitter、

图 2-3　微博大 V "香港警察"关于"港车北上"的帖文

Facebook、YouTube 等社交媒体以"第一人称视角"亲身体验政策，营造"身临其境"的现场感受。

在相对宽松、扁平化的情境当中，自媒体大 V 与普通网民的自主发声不仅能增加话题的关注度，更重要的是体现了多元主体共治的媒介化思维。例如微博大 V "香港警察""极速拍档 -Jacky"等聚焦行车安全加强话题设置，通过视频、图文等形式进行创作，多元化主体参与话题讨论，更有利于建立政府与公众间的情感共识。

在网络新媒体时代，媒介的角色功能发生重要转向。新闻媒体需要更多的"参与性""开放""迅速""合作生产"等，随着社会化媒体和泛在传播的到来，媒介的可供性无处不在，新的职业角色也正在进入新闻媒体文化。新闻媒体不再聚焦于原创新闻内容的生产，还面临着协调公共讨论、参与社会治理或策展社交媒体内容的新任务。在本案例中，香港 01、香港电台等媒体走亲民路线，在 Twitter、Facebook、YouTube 等社交媒体平台以"第一人称视角"亲身体验政策的落地之处，为受众营造身临其境的感受。在 YouTube 上拥有 3.18 万订阅者的"60 后退休生活"等自媒体人通过 Vlog 等形式记录了"港车北上"的自驾游魅力；网民在海外社交媒体平台上通过构建群组以及发布视频的形式提出相关问题、发起话题讨论，进行互助合作。在本次事件的网络传播当中，普通网民占据网民舆论的最大比例，其次是大 V，再次是媒体，这不仅说明了网民的参与度、讨论度较高，更体现了在深度媒介化情境中多元主体协同共治的媒介化治理思维。换言之，宽松、去中心化、扁平化的媒介化情境能够促进公民与公民、政府与公民的良性互动关系。不同于传统治理模式对政府内部权力资源的整合，媒介化治理倡导政府对外部主体的权力分享。总之，媒介化治理强调向公民赋权，核心在于加强民主协商，基础在于推进公民自主治理，最终形成政府管理与公民自治良性互动的善治格局，同时形成政府与公众间的情感共通。

## 三、结语

"澳车北上""港车北上"作为粤港澳三地政府为贯彻落实《粤港澳大湾区发展规划纲要》，进一步促进粤港澳人员车辆往来便利化而实施的公众政策，引发的媒体报道和政策传播过程中具有较多借鉴之处。

传统媒体传播公共政策和信息，主要是通过电视、广播、纸质杂志及报纸等形式进行播放或刊登，由于传播的时间及空间范围受到限制，导致公共政策和信息的扩散速度较慢，使公共政策的影响力无法得到更好的发挥。然而，新媒体的产生和发展为公共政策和信息的迅速传播带来了极大的便利，伴随着移动互联网的迅速发展，新媒体正在改变与重塑着人们的语言交流和行为习惯，妥善利用新媒体进行公共政策的传播具有重要的意义和价值。

本研究从政策传播的角度对粤港澳大湾区的媒体表现进行了分析，以此来探寻此类事件媒介化治理需要学习与注意的方法途径。

1. 全链路报道与全域内容分发。粤港澳媒体通过对"澳车北上""港车北上"政策实施情况连续性报道，覆盖了从政策发布到实施、落地以及后续状态的全过程，确保公众持续了解政策动态；充分利用多样的媒介形式，包括图文、短视频等，通过微博、抖音等社交媒体平台进行政策信息的全域分发，同时跨境运用海内外媒体平台，实现内容的多维度传播。

2. 多渠道媒体共同合作。在"澳车北上""港车北上"政策传播中，强调了内外新旧媒体的共同作用，形成强大媒体矩阵，展现多维度、多角度的报道，提高了信息传播效率和广度。针对不同受众，媒体创新采用数据分析、科普漫画等创作手法，解读政策内容，通过信息技术、PUGC模式等形式创新，提高了政策传播的吸引力和效率。

3. 第一视角宣传与公众共情。各不同垂类的媒体，运用了多种传播形式，针对不同受众群体的需求，以"澳车北上""港车北上"为主题，通过对美食、旅游以及各类相关服务类和商业信息的第一视角宣传，使受众更有参与感和现场感，提高了舆情传播的吸引力。进行政策传播时，需要考虑是否需要从公众易共鸣的信息角度出发，强调政府与公众利益一致性，以确保信息传播与受众期待的一致性，增加政策接受度。

4. 平台联动推进媒体融合移动传播。结合"港车北上"政策所向，深港两地媒体合作，围绕政策主题来制作自驾游综艺，并邀请著名艺人参与到政策推广中。此种创新传播方式，利用自驾游综艺和艺人影响力，促进深港两地跨地域、跨媒体、跨领域的合作，推动了媒体融合移动传播，实现信息的跨界、跨平台传播，提高政策传播效果，提升了舆情传播的吸引力和参与度，使传播更贴近受众。

5. 构建融通两地的传播体系。"澳车北上""港车北上"政策发布后，内地主流媒体聚焦政策申报流程、通关情况、价值意义等情况。反观港澳官媒重视利用信息技术改进政府传播质量和效率，以简易视频进行清晰直观的指引。在内容侧重点上，主要是分众化传播、可视化服务，普遍围绕"澳车北上""港车北上"攻略、湾区内地城市购物消费、吃喝玩乐攻略、路边停车、保险购买、两地道路守则进行宣传。此外，"60后退休生活"等自媒体人则拍摄 Vlog 记录"港车北上"自驾游魅力。在 Facebook、YouTube 上，网民自发建立群组或发布视频，如"澳车北上情报""港车北上分享群""车 CAM 特警"等，提出相关问题、发起相关话题讨论等，并推介自身实操攻略，互助释疑解惑。结合"澳车北上""港车北上"传播经验，打造传播内容的特色化和传播技巧的多样性，针对差异化传播对象采用差异化传播方式，扩大传播的覆盖面和普及度。

"澳车北上""港车北上"作为政策传播较为成功的案例，事件为正面事件，受众参与性高，整体舆情向好，基本无负面舆情。但要注意的是，多渠道传播方式在扩大传播范围方面有显著作用的同时，也可能会导致公众对于同一信息的接收过载，而碎片化传播可能淹没重要信息，影响受众对全局信息的掌握。最后，不同受众对媒体形式、信息深度的接受度不同，在进行这种政策传播时，还要尽可能地兼顾内容广度与深度平衡，媒体在追求内容广泛传播的同时，也要重视对政策深度解读的重要性，确保受众对政策的全面理解。

可以说，粤港澳媒体对于此政策传播的表现，对网络舆情媒介化治理创新了信息传播形式。对于同类型主体及事件，应借鉴创新传播形式、定制化内容传播和加强跨界合作等方面的经验，以不断提升网络舆情媒介化治理的效能和质量。

## 参考资料

［1］海外网.习近平：讲好中国故事，传播好中国声音.https://baijiahao.baidu.com/s?id=1701503556700154128&wfr=spider&for=pc。

［2］新华网."相互奔赴"暖消费共绘优质生活圈——粤港澳大湾区协同发展观察.http://www.news.cn/photo/2023-08/16/c_1129806752.html。

［3］羊城派.港珠澳大桥珠海口岸发布了《港车北上、湾区融合——湾区商业趋势洞察蓝皮书》.https://baijiahao.baidu.com/s?id=1777174651869902865&wfr=spider&for=pc。

［4］环球网.我国经济发展韧性和潜力如何？一组数据带你看.https://baijiahao.baidu.com/s?id=1773625170076790169&wfr=spider&for=pc。

［5］澳门特别行政区新闻局.澳车北上10月1日起试行预约通关新安排.https://www.gcs.gov.mo/detail/zh-hans/N23Ibvp1I3。

［6］中央人民政府驻澳门特别行政区联络办公室.澳车北上10月1日起试行预约通关新安排.http://www.zlb.gov.cn/2023-09/28/c_1212278454.html。

# 湾区多地推进传统文化主题活动

## ——湾区多地巧用原创 IP 赋能传统文化活态传承

## 一、事件简介

2022 年新年伊始，粤港澳大湾区多地齐出力，策划推出传统文化主题的系列活动。通过创新传播方式、注重境外传播，以新型媒介引导推广传统文化活动，开创文化 IP 之路，助推传统文化传承创新。在多主体联动、技术加持下，湾区多地充分发挥了新兴媒介的优势特性，赋能传统文化勃兴。

广州、佛山、香港、澳门等地相关部门和单位积极利用新媒体传播平台，借助新兴技术举办了各类精彩纷呈的文化主题活动。在官方带动下，各地的自媒体、网民等也积极参与到相关事件的传播讨论中。UGC 与 PGC 的跨界合作在增强活动曝光度的同时进一步夯实了湾区文化基础，传播了湾区文化精神。据数据统计，截至相关活动结束，关于"湾区多地推进传统文化主题活动"各大平台舆论信息合计逾 10 万条，各大网络媒体、移动客户端等平台转载信息约 5 万篇次。# 文化 #、# 非遗 # 等正向话题均在网络上保持较高热度。系列活动的圆满举办也展现了主流媒体通过媒介化手段，促进多元主体情感融通，助力于社会共识的进一步达成，同时也彰显了相关部门的网络舆情媒介化治理水平。

## 二、湾区网络舆情媒介化治理策略分析

### （一）发挥新型媒体传播优势，推动湾区文化传播创新

图 3-1　广府庙会元宇宙
微博宣传海报

媒介技术的发展变革重塑了传播环境和舆论生态，改变了传播模式，也改变了受众接受、分享与解读信息的方式，尤其是融合传播渠道的互联互通，为大湾区的传统文化传播提供了多元、高效的技术支撑。

在本案例中，广州越秀区在 2022 年春节期间举办"广府味·幸福年"新春广府文化系列活动，以新型媒介引导推广传统文化活动，策划了一系列群众喜闻乐见的活动，助推传统文化传承创新。如推出广府庙会元宇宙、"非遗大家谈"抖音直播、云赛诗词有奖互动、AI 写诗送新年祝福等文化惠民活动，快闪、元宇宙、动漫文创轮

番登场，紧贴潮流，借助媒体、政务新媒体、微博大 V、流量平台等力量，积极发挥新型媒介的影响力和传播力。其中，虚拟公共文化空间"广府庙会元宇宙"，累计访问超过 150 万人次，微博话题 # 广府味幸福年 # 讨论量超 1.5 万，相关视频累计播放量达 234.2 万，形成了良好的传播声势。

图 3-2　YY 直播"非遗筑梦计划"

佛山非遗也尝试搭上 YY 直播"快车"，借力"非遗筑梦计划"创新活态传承，如佛山狮头彩扎省级代表性传承人黎婉珍工作室也积极与 YY 直播达成深度合作，在非遗公开课、非遗文创开发、非遗作品展等方面开展合作，吸引公众通过直播间逐渐了解非遗知识，并利用更活泼的诠释和表演方式传播佛山非遗文化，展现非遗手工技艺，助力佛山非遗强势"出圈"。

香港举办的"传承精神命脉·活化非遗文明"中华文化遗产和国际非遗交流系列活动也侧重应用 VR 和 NFT 等新技术形式活化非遗文明，通

图 3-3　"传承精神命脉　活化非遗文明"中华文化遗产和国际非遗交流系列活动

过绘画、服饰、乐器、雕塑与其他民间艺术的沉浸式体验，助力香港打造中外文化艺术交流中心，推动中华优秀传统文化的创造性转化和创新性发展。粤港澳大湾区多地积极发挥新型媒介优势，推动传统文化传承的创新传播，有效提升相关议题的传播效果，加强优秀传统文化对公众的吸引力，扩大优秀传统文化的受众覆盖面，培育新时代背景下共同的中华优秀传统文化记忆。

## （二）打造湾区共同文化 IP，深度增进湾区文化认同

在当今全球化时代，文化的多样性和差异化越来越受到重视。粤港澳大湾区作为中国最具活力和开放性的地区之一，拥有丰富的文化资源，包括广州"广府传承"、港澳"华洋并存"、佛山非遗等独特的文化资源。这些文化资源的传承和创新，能够形成具有国际影响力的文化IP，将人们

图 3-4 "广府味·幸福年"活动

的情感联络起来，寻根溯源、联通古今，打通粤港澳大湾区的文化血脉，增强三地人相互之间的文化认同。

广州越秀区策划推出 2022 "广府味·幸福年"广府文化系列活动，开创出广府文化 IP 名片培育之路，促使相关文化品牌成为公众开年仪式感的重要组成部分。广大群众通过亲身体验，深度参与广府文化 IP 生产，激发人们对广府文化 IP 内容传播的热情。

澳门首演的舞剧《醒狮美高梅》大胆创新地展现岭南文化精髓，并积极借助粤港澳大湾区在文化上同根同源的优势，促进广州与澳门两地文旅融合，加强湾区内的文化交流。其中，出品方还与澳门 IP 卡通角色"加路鸡"联手打造鸡公榄人形"加路鸡"，融合两地文化 IP，让传统文化焕发新光彩，促进两地民众共享湾区文化。

粤港澳大湾区通过让公众深度参与到文化 IP 的消费和传播过程中，

图 3-5　澳门舞剧《醒狮美高梅》

激发公众对文化的热情和归属感。同时，公众借助社交媒体等平台，分享自己的文化体验和感受。2023 年广州广播电视台"粤伴湾"MCN 与肇庆市裹蒸产业协会在抖音平台联合发起的＃万物皆可裹蒸＃挑战，吸引广大网民拍摄相关短视频并发布至抖音，累计播放次数已超 1 亿。该案例中主流媒体、商业平台和社会组织等进行了有效融合，促进官方舆论与民间舆论的共振共鸣，进一步扩大文化 IP 的传播范围，凝聚湾区文化认同。

### （三）建立治理结构"黏性"关系，激发湾区文化情感共鸣

情感是舆情的内核性因素。在媒介化治理视野下，公众的情感资源是一种基础性资源，无论由公众的情感共振到情感共鸣的流变，还是同一情感系统下的行动者主体在身体实践与日常交往过程中建立的"黏性关系"，

都成为有效弥补日益原子化和逸散化的治理系统内部结构的不足。

　　曲艺在粤港澳地区一直有着深厚的文化基础和群众基础。随着人文湾区建设的持续深入推进，打造一个粤港澳三地共有的大湾区曲艺文化品牌，已成为湾区人民共同的心声。2022年湾区青年传统文化交流活动"我和非遗有个约定"在广州市青年文化宫拉开序幕，吸引了来自粤港澳三地的青少年参与其中。活动通过沉浸式体验非遗文化，不仅促进了湾区青年的交流，也助力了湾区文化的共融传承。2023粤港澳大湾区曲艺艺术周在佛山顺德演艺中心大剧院开幕。本届曲艺艺术周开幕式在以往各类曲艺专场演出的基础上，赋予传统说唱艺术以崭新的时代特征和意义，凸显年轻感、时尚感，用艺术搭起心的桥、联通粤港澳。

图 3-6　2023 粤港澳大湾区曲艺艺术周活动

图 3-7  "我和非遗有个约定"活动

　　粤港澳大湾区多地推进传统文化主题活动，除了官方媒体进行了一系列报道外，还联合了商业化互联网平台和自媒体，搭建起连接受众、政府机构与社会组织的桥梁。例如在 2023 年端午节期间，UC 推出"风起大湾区·非遗巡礼：龙舟"热点专题活动，讲述大湾区人们与非物质文化遗产故事。数据显示，主流媒体与 UC 联合制作的独家视频《湾区顶级运动会，耗资百万，房东们为何钟意"扒龙舟"》全网曝光超千万，播放量近 500 万，吸引了全国各地网民的关注。

　　媒介化治理以"政府主导，媒介广泛参与，全民形成合力"为理念。如今，万物互联的技术赋能下，主流媒体布局的全媒体传播体系，能在更广阔的维度链接起受众、政府机构与社会组织。通过将湾区文化遗产进行展示和推广，引发湾区人民的共情共鸣，以文化"软联通"，促进了"心联通"。从而增强彼此之间的情感联系，推进情感共同体培育，促进治理关系黏性化。

### （四）抓住舆论引导关键时机，提升媒介化治理效果

2015 年，习近平总书记进一步阐释了我国媒体创新对外宣传方式的"三新"，指出要用海外读者乐于接受的方式、易于理解的语言，讲好中国故事。这充分说明了在对外传播过程中提高我国主流媒体新闻策划能力的

图 3-8 《广府年俗：贴挥春啦！》

重要性。

春节是体现中华民族传统文化，海内外华人心相通、情相连的节日。"广州越秀发布"官方海外 Facebook 平台持续推送系列主题报道，多语种、立体化向世界展示广府文化的独特魅力。其中，《广府年俗：贴挥春啦！》短视频获《欧洲侨报》、葡语频道报道，Twitter 阅读量获破万，抓住境外舆论传播引导时机。

2022 年春节期间，《羊城晚报》联合海内外百家名媒，创立推出了"老广贺春"，广获各方好评。虎年"老广贺春——在线全球大联拜"以中、英、葡、日、德、法、俄、意等 14 种国际语言全球传播，五洲四海热传广东好声音。一系列精品新闻策划报道纷纷出炉，《年花市场涨声一片，本地品种网红概念双双走红》《锅中海味热腾腾——是大海的味道？是温情的芳香！》《乳虎初啸：新春虎虎生威》《油角弯弯，金银满屋》《广府年俗：贴挥春啦！》《在广州永庆坊，遇见汉服潮人》等精品视频，生动地再现了大湾区的岭南文化春节热闹氛围，拉近了海内外华人的距离。截至 2022 年 2 月 7 日 16 时，在春节期间推出的 10 期贺春精品视频文图融媒报道海外阅读量超 481 万。

由此可见，湾区媒体抓住传统节日时间节点，以此为契机展开传统文化传播，向海外读者展示广府文化、岭南文化等文化要素，弘扬传统文化的同时，也让更多的海外受众了解和参与到这些传统文化活动中来，进一步推广了大湾区的文化旅游资源，并强化了海外华人华侨对这些文化的认同。

## 三、结语

现代性背景下的媒介化治理指向一种国家和政府主导，以媒介化思维嵌入社会治理网络为认知起点，多元社会主体协同参与现实问题的过程性治理实践，其目标则是实现多主体的情感共通与共识达成。随着媒介化和数字技术的发展，如今传统文化的破圈和进一步传播愈发离不开媒介化手段的应用。本案例中，粤港澳大湾区在内的多家媒体就借助于此不断赋能传统文化的发展。

2019 年 2 月 18 日发布的《粤港澳大湾区发展规划纲要》为培育湾区文化，推动大湾区文化的发展以及为大湾区媒体的报道指明了方向。大湾区的媒体不仅致力于传统文化的传承，还注重文化的创新。在本案例中，媒体对于 IP 塑造与传播方面可圈可点值得借鉴，尤其是在媒介技术手段的加持下，相关活动取得了良好的反响，其优势主要如下：

1. 开创文化 IP：大湾区媒体通过对传统文化的挖掘，结合现代科技手段，将传统文化元素融入现代生活中，打造出具有特色的文化 IP，例如广州广播电视台"粤伴湾"MCN 打造文化湾区 IP 孵化项目，通过湾区文化人联盟，用创新网感的融媒体形式普及湾区文化、打造湾区文化输出新方式。文化 IP 之路的开创，不仅可以增加传统文化的商业价值，推动传统文化与现代商业相结合，还使得文化的发展更具活力和可持续性。

2. 运用新型媒介：由于现代新型媒介天然具有全球化的特点，传统文化主题活动的宣传和传播可以突破时空限制在短时间内覆盖广泛的人群。回顾本案例中其他的事件，新型媒介优势均得到充分发挥。利用社交媒体、短视频、直播等新媒体形式＋传统文化的传播形式，可以更加活泼地诠释传统文化的内涵，让更多的年轻人喜欢上传统文化，增加传统文化在年轻人中的知名度和影响力，扩大传统文化在该群体中的认知和流行。当前媒介化社会中，传播要想取得良好的传播效益，离不开现代化、年轻化的视听传播手段，将诸如直播这类的数字媒介应用于大湾区文化传承的思路和策略值得我们借鉴学习。

3. 着力情感传播：相关活动的举办同时也为湾区文化交流提供了一个重要的平台。来自不同地区的人们可以在这里相互交流与互动，分享对传统文化的热爱和理解，促进不同文化间的碰撞与融合，以推进情感共同体培育。这不仅为湾区人民创造更加丰富多彩的生活体验，助推粤港澳大湾区的文化多样性和创新发展，还与媒介化治理所要达成的多主体壁垒打破，情感交融的目标暗中契合。

尽管由于法规政策的限制和差异，海外媒体在进行粤港澳文化活动的再传播过程中容易造成准确性和全面性的折损，但仍然可以通过培养具有国际视野和跨文化传播能力的媒体人才，加强推动海内外媒体的协同合作来提升联动能力。总结本案例的现实经验，未来关于传统文化传承的媒介化道路还可以在以下几个方面着重发力。

首先，仍需要进一步加强媒体间的深度融合。通过多元化的传播方式，使传统文化的传播更具有广度和深度。其次，注意内容创新和本土化挖掘并重，要在注重对本地传统文化的挖掘和传播的前提下，将传统文化与现代元素相结合，创作出更具有时代感和本土特色的内容。除此之外，还可以利用新型媒介的社区特性，加强与观众的互动，提升观众的参与感和归属感。例如，可以通过社交媒体平台开展话题讨论、线上竞赛等活动。当然，也要加强相关人员的培训和发展，提升他们在传统文化传播和新型媒介应用方面的技能和素养。最后，相关部门可以定期对活动的效果进行评估，总结经验教训，持续改进和优化。

总结来看，本案例中官方主流媒体重视事件的舆情发展动态，能够提前策划布局，引导舆论传播先机。借助新媒介传播速度快、覆盖面广的优势特性与自媒体、社交媒体等其他主体共同发力，焕活粤港澳大湾区的传统文化的传承与发展。事件相关的舆情引导也通过共情传播的方式，让不同主体之间建立了深刻的联系。这不仅帮助人们更好地了解和理解不同的文化和价值观，促进文化多样性和包容性，还发挥了媒介化治理的社会动员功能，借此重塑社会信任，凝聚社会共识，拓展媒介化治理的公共决策功能，通过媒介化治理助力社会治理共同体的形成，助推传统文化不断向纵深发展。

## 参考资料

［1］李春雷、申占科.媒介化治理：概念、逻辑与"共识"取向［J］.新闻与写作，2023（06）：5-12。

［2］《粤港澳大湾区规划纲要完整版＋深度解读版》.pdf微信公众号 https://mp.weixin.qq.com/s/V5Gie5ZrAKTA3XOzMr8LzA。

［3］赵红，刘楠.热点事件的主流舆论新格局塑造与媒介化治理——以"百家媒体聚力河南公益助农"行动为例［J］.新闻爱好者，2023（02）：35-37. DOI:10.16017/j.cnki.xwahz.2023.02.008。

［4］中国发展网.广州越秀区推出"广府味·幸福年"迎春活动.https://baijiahao.baidu.com/s?id=1754785753857825269&wfr=spider&for=pc。

［5］羊城派「中英双语」.广府年俗：贴挥春啦.https://baijiahao.baidu.com/s?id=1723559530818015980&wfr=spider&for=pc。

［6］中国日报网.推动媒体融合发展，习近平提到这三"新".https://baijiahao.baidu.com/s?id=1623696279556589882&wfr=spider&for=pc。

［7］新浪网.好新闻＋大活动＋强服务，"老广贺春"这样成功打造岭南文化国际传播新热点.http://k.sina.com.cn/article_6515910101_v18460e5d501901fo4x.html。

［8］喜提国家级大奖！广州台粤伴湾MCN展现湾区文化IP魅力　微信公众号，https://mp.weixin.qq.com/s/HpmUVfgypYAjlXfy3ZCrGg。

［9］中共佛山市委宣传部官网.佛山非遗搭上YY直播"快车"，借力"非遗筑梦计划"创新活态传承.http://www.fsxcb.gov.cn/gzdt/zxdt/content/post_747155.html。

［10］南方日报.向世界展示大湾区优秀传统文化.https://www.baidu.com/link?url=8SCNH3v7Fpe9JWKep3C9Mz29__tKCpY9AxNZ3bDtIZwb_WY9JAaOAoo0W_iguxyM4IzA0jd2mRYase-f7nqE98rJEDUX6AvKN6_H-arVGh_&wd=&eqid=d0d85e90000f5d7e000000026510d4d2。

［11］一水同舟解乡愁　UC联合主流媒体推出热点专题解读龙舟非遗魅力.https://baijiahao.baidu.com/s?id=1769657683787957994&wfr=spider&for=pc。

# 广州市多部门合力护航 2021 高考

## ——高考改革首年构建多元共治新格局

## 一、事件简介

2021 年是广东高考改革落地第一年，叠加新冠疫情，给广州高考工作带来了诸多不确定性，考生健康保障、考场防疫等话题牵动亿万网民的心，考生、家长、媒体也始终对此保持高度关注。

其间，相关部门及时利用微博、微信、抖音等社交媒体平台，构建传播矩阵，进行舆情布局，洞悉舆情演变，把握时机，发布政策解读、知识科普等，抓住舆论引导传播先机。官方媒体不仅在社交平台设置话题以促进多元主体协同治理，还通过挖掘高考动人细节等事迹进行报道，加强情感动员，使得围绕广州高考的社会舆论持续高涨，官方舆论场与民间舆论场相互呼应，共通情感与认知，扩大正面舆论效果。2021 年 5 月 23 日至 2021 年 6 月 10 日，各大平台舆论信息合计逾 18 万篇次。其中，各大网站、移动客户端等平台转载信息约 7 万篇次，微博信息约 7 万篇次，微信公众号文章4万篇次。截至高考结束，#疫情下的广州高考#等正向话题均在网络上保持较高热度，相关部门的网络舆情媒介化治理工作可圈可点。

## 二、湾区网络舆情媒介化治理策略分析

### （一）强化信息透明公开，掌握媒介化治理主动权

本案例中涉及的高考改革和新冠疫情，均是尤其容易引发舆论关注的社会领域议题。当两个牵动民众神经的要素叠加在一起时，政府信息发布的及时性、透明化就成为舆情事件处置的关键。

广州市教育局、市卫生健康委（后面简称"市卫健委"）等相关部门作为首位信息发布主体，第一时间发布"高考安排事项"相关决策信息，并多次举行新闻发布会，通报疫情期间高考筹备工作相关安排。如广州市教育局先后发布《5月24日开始考生健康监测！2021年普通高考防疫注意事项看过来！》《关于全力保障广州市平安高考的温馨提示》等推文，并以答记者问的形式，及时回应公众关于防疫期间高考时间的疑问以及如何参考等关切点；广东省人民政府新闻办公室在新闻发布会上通报高考筹备工作相关安排，包括广州市卫健委、广州医科大学附属市八医院为无症状感染考生设置隔离考场等。相关部门通过及时发布权威信息，第一时间掌握舆情的动态发展走向的主导权，遏制网络谣言滋生蔓延和营造清朗的网络空间，从而有效安抚公众情绪，避免引发社会恐慌。

图 4-1　2021 广州市疫情防控新闻发布会（高考服务保障专场）

　　在做到信息透明化的同时，官方与媒体间的良性沟通也不可或缺。在本案例中，相关部门注重运用媒体有效协同自身做好信息透明化工作。如高考前夕，相关部门在穗康小程序迅速上线高考专属健康码，以方便考生通行与疫情管理。光明网、《每日经济新闻》、《广州日报》等媒体对"高考专属健康码"的操作指引进行了详细说明；高考结束后，广州市再次召开疫情防控新闻发布会回应民众关注的焦点，中国新闻网、"南方+"（南方 plus）客户端、广州广播电视台等媒体正面宣传

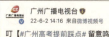

广州广播电视台
22-6-2 14:16　来自微博视频号

叮【#广州高考提前踩点# 留意鸣钟信号！】#距2022高考还剩5天# #属于毕业的 BGM# 6月7-9日是全国高考日，今年，广州共有56883人报名参加普通高考6月份文化课考试，比2021年增加1983人。#高考生一年攒下140多根空笔芯# 今年全市设置58个考点。现在考点还没开放，广视记者提前带大家到考点踩场吧！考生需携带身份证和准考证，提前1小时到达考点。考点8:00开放，开考后15分钟（9:15）前，考生必须进入考点。进入需手部酒精消毒，然后测温，通过机器检验身份和查看核酸信息。而考场提前35分钟开放给考生进入。除小语种学科外，其余学科开考15分钟后不能进入考点；小语种学科开考前15分钟不能进入考点。要留意考试的鸣钟信号哦。#高考加油# 网页链接 新闻日日睇的微博视频

图 4-2　广州广播电视台微博帖文

市教育局通报的广州首届新高考相关情况，"今年高考缺考率为近 3 年最低""广州共有 5.32 万名考生完成考试"等消息引网民称赞。

图 4-3 《广州日报》微信公众号 2021 "高考专属健康码"操作指引推文

相关部门为高考做的多项准备，尤其是针对高风险区、封闭区以及受感染考生设置人性化的措施与政策，为考生考试保驾护航，真正做到了"平安高考、公平高考、诚信高考、暖心高考、健康高考"，使得最终网民整体呈现正面的情感倾向。由此可见，相关部门运用媒体发布权威信息，让公众更快、更全面地了解信息，这在一定程度上也增加了民众对政府妥善处置公共事件的信任和信心，由此提升了广州市政府的形象和公信力，起到了变被动为主动的效果。

## （二）发挥社交媒体优势，促进治理主体协同参与

互联网信息技术的迅猛发展与加速裂变，过去"一元管控，交互性弱"的媒体格局和舆论生态逐步演变为"人人都是自媒体"的传播环境。政府在当前舆情触发点多、燃爆点低、传播速度更快的半隐蔽舆论场中，

图 4-4　央视新闻《广州高考 2021》

亟须在旧有的"一元管控"舆论治理模式下寻求新的转变，通过协同社会多元主体共同参与，以此整合资源、补齐短板等，以应对融媒环境下复杂的传播规律与路径。2021 年高考期间，广州市政府向内寻求多部门协作，向外充分利用社交媒体平台，与媒体、公众等进行合作互动，实现了"一元管控，多元参与"。

广州市教育局、市卫健委等相关政府部门在进行网络舆情应对与处置时，积极引入微信、微博、今日头条等社交媒体，以适应互联网时代快速变化的舆情形势，搭建出一个政府、媒体、网民等多元主体共同参与和协同治理的平台，目的在于促进先进资源的最优化利用。如广州市教育局、市卫健委等多部门加强与社交媒体平台合作，联动央视新闻、中国新闻网、新华社等多个主流媒体在新浪微博、今日头条等社交媒体上发起 # 广

**图 4-5  微博大 V "Hobin-MK813" 高考话题讨论**

州核酸阳性高考生配备专门医护#、#广州高考专属健康码#等多个相关话题,并陆续登上各社交媒体平台热搜榜。引发多位社交媒体平台大 V 创造网络热议话题评论,例如"面对疫情多点突发的警报,广州以高效、务实的举措力保 5.49 万考生的安全以及高考顺利进行""为广州市政府点赞!"等。同时,"Hobin-MK813"等微博大 V 发挥自身凝聚力,在社交媒体上聚集了更多利益相关群体关注此事件,推动多元主体参与公共事务的讨论和治理。

同时,社交媒体的方便性、互动性与匿名性增加了民众的表达意愿和话语权,使其得以以更加平等的身份参与社会治理,为社会治理提供了更具开放性、民主性和参与性的治理模式。本案例中,网民通过社交媒体参与到"广州高考"事件全程的讨论中来,将自己的看法和诉求反馈给相关部门,并对相关部门进行监督。相关部门通过了解民众关切,回应民众疑惑之处,实现官民良性互动。相关部门还及时发现和掌握社会民意的变化趋势，在第一时间调整舆情治理策略，有效引导舆论。由此，实现网络舆情多元主体合作与协商、多元与互动、适应与回应，促进先进资源的最优化利用，达成多元主体共同协商治理的良好效果。

## （三）构建共情叙事格局，凝聚社会多元主体共识

共情传播作为一种直观且易于激发情绪共鸣的方式，成为激活公众情感、实现社会情感流动的重要途径。正如前文所说，本案例中所涉及的高考改革和新冠疫情，均是容易引发舆论关注的民生领域话题。"人人都有麦克风"的新媒体时代，信息传播兼具时效性与广泛性，民生领域的舆论引导更为复杂。高考前夕，广州疫情管控区域居家隔离的考生如何参考等问题引发公众担忧，公众通过新媒体渠道所传播的消极情感信息被迅速传播并形成舆论热点。

图 4-6 《羊城晚报》2021 广州高考"暖心送考"海报

为化解公众疑虑，广州市交通运输局在新闻发布会上回应表示，将组织爱心送考出租车队，通过"点对点""一对一"的方式作好疫情管控区域居家隔离考生的出行保障，"一个司机一台车只服务一个考生，不会再服务其他的乘客"。2021 年

高考当天，广州市交通局组织广州市公交集团，安排800余辆出租车、10辆大客车，为考生送考。

　　相关消息引发央视新闻、《人民日报》、新华社、《南方周末》、《广州日报》、广州广播电视台、香港新闻网、《华侨报》等境内外媒体广泛报道。报道内容均通过情感包装和故事叙述的方式对该事件内容进行传播，报道逾千篇次。如央视网、《人民日报》、新华社分别刊发《一个都不能少！暖心细致的工作搭建安全特殊的考场》《疫情下的高考，学子们高喊：有您守护，我们很安心！》《高考首日 疫情下的广州"迎考记"》等报道，点赞出租车、大客车司机为"暖心送考的'护航者'"。既守护考

图4-7　"2021广州高考温暖瞬间"微博话题

生安全，也成为考场疫情防控的一道坚强壁垒。新浪微博话题＃广州 800 多辆出租车一对一接送考生＃引逾 5100 万网民关注，登上微博热搜第 12 位。其间，"广州高考""爱心送考""感动""平安高考""专车接送"等一度成为媒体报道标题高频词，民间舆论场情绪也从"担忧"转向"为广州加油"。

此外，多家官方媒体还通过积极挖掘高考期间的"暖心事迹"进行报道，以引导网络舆情正向发展。如《南方周末》等刊文《与疫情赛跑的广州高考生：快递停运，复习资料靠人力传递》，回顾多名考生在高考前夕不得不隔离备考的经历，借此点赞市内多家学校为学生提供线上答疑、志愿者人力传递，将复习资料送达考生手上等举措，较好地安抚了考生焦虑担心的情绪，助力其备考进度不被疫情打乱。央视新闻、《人民日报》、《广州日报》等媒体持续在新浪微博、今日头条、百度等平台设置＃疫情中的广州高考生＃、＃广州唯一一名盲人考生参加高考＃、＃高考首日广州整体情况如何＃、＃广州百辆出租排队接隔离高考生回家＃、＃广州 2 名确诊考生在医院参加高考＃等话题并陆续登上热搜榜，引数亿网民关注。

由此可见，运用共情传播，不仅有效推动了与"广州高考"事件相关的正能量细节传达到网络社区中，激发出公众的情感共鸣，数万网民自发在朋友圈、微博等平台转发，为考生送上祝福，还能在一定程度上对公众认知框架和价值取向进行塑造，影响公众对"广州高考"事件的评价和态度，让公众聚焦于"广州后勤保障举措得力，有效确保高考安全顺利进行"的讨论，以维护良好的网络社会秩序。

## 三、结语

互联网的快速发展和普及给人们的生活带来了巨大的变化，同时也给网络舆情治理带来了新的挑战。网络舆情作为一种重要的社会现象，具有广泛的影响力和传播力，既能够推动社会进步，又可能引发社会不稳定因素。

本文从政府部门的角度对新媒体时代网络舆情媒介化治理进行探析发现，面对极易引发舆论关注的民生事件，各部门首要任务是对网络舆情进行快速反应并作出相关回应，及时披露媒介信息以应对网络舆情，避免谣言滋生，从而有效缓解社会矛盾和冲突，维护社会秩序的稳定。2021年广州高考准备工作前期，部分自媒体为吸引公众注意力，使用"广州高考延期"相关标题进行内容传播。在"高考改革元年"与"新冠疫情管控"等诸多不确定性因素下，社会上关于"高考延迟"的谣言被小范围传播，引发公众一定程度的恐慌与焦虑情绪。

其一，广州市政府各部门及时召开新闻发布会、在全媒体平台进行政策解读与社会答疑，最大程度地公开与高考相关的信息，安抚社会情绪。不仅如此，相关部门在高考期间以及高考结束后，依旧积极披露媒介信息，全程回应"特殊考生如何参考""高考期间感染人数"等社会关切点，在一定程度上提升了政府公信力。

其二，在本案例政府部门进行网络舆情媒介化治理中，引入社交媒体构建多元主体参与机制，同样起到重要作用。相较于以往重大民生事件舆情治理中政府部门在官方网站等传统传播渠道"自说自话"、单向发布信息，此次在 2021 年广州高考中，相关部门顺应新媒体时代的趋势，充分利用微博、抖音、微信公众号等社交媒体平台，通过文字、图片、短视频等多元媒介形式发布信息，并积极与社会公众进行互动，根据民意及时进行政策调整，保障高考有序进行。

其三，本案例中运用共情传播进行舆情治理的经验也十分具有借鉴意义。面对"2021 年广州高考"这个严肃的舆论议题，广州市政府并非一味进行"宏大叙事"，而是联合各大主流媒体将高考期间所发生的"暖心细节"进行情感叙事，舆论场里"支持广州"的呼声占据主流，实现了情感共治。

为更好地应对重大民生事件的网络舆情，政府部门进行媒介化治理时，不仅运用社交媒体进行信息发布，还可以加强与社交媒体平台的合作，建立机制共同抵制虚假信息和不良内容的传播，清理有害信息和账号，共同打造良好的网络生态环境。同时，政府部门还可通过开展社会公众参与活动、设立讨论平台等形式，广泛征集各界意见和建议，提高专家学者、企业和非政府组织等其他多元主体的参与度与贡献度，进而提高公众参与的广泛性和深度，充分发挥社会公众的监督作用，以提升政府网络舆情媒介化治理在社会共治方面的效果，同时有利于提升公众满意度。

# 参考资料

［1］广州教育 . 5 月 24 日开始考生健康监测！ 2021 年普通高考防疫注意事项看过来！. 微信公众号，https://mp.weixin.qq.com/s/iaoQrp99GYYQ7qBIisGYbw。

［2］广州市教育局 . 广州市教育局关于全力保障广州市平安高考的温馨提示 . 广州市教育局官方网站，http://jyj.gz.gov.cn/zt/gzjyxtqlzhxgfyyqfkgz/zyxx/content/post_7309167.html。

［3］广东省卫生健康委员会 . 6 月 2 日广东举行高考筹备情况专场新闻发布会 .http://wsjkw.gd.gov.cn/gkmlpt/content/3/3319/post_3319855.html#2569。

［4］广州教育 . 字字真诚！广州隔离病房考生以书信致谢意 . "南方 +" 客户端，https://static.nfapp.southcn.com/content/202106/10/c5394781.html。

［5］广州日报 . 新高考首年开启！刷脸入场，通行需亮码！https://baijiahao.baidu.com/s?id=1701796129630934054&wfr=spider&for=pc。

［6］央视网 . 一个都不能少！暖心细致的工作搭建安全特殊的考场 .https://news.cctv.com/2021/06/08/ARTIZ3uKdzoC10neR8tY2RT2210608.shtml。

［7］新华报业网 . 疫情下的高考，学子们高喊：有您守护，我们很安心！https://news.xhby.net/zt/fdywwlkq/202106/t20210607_7116462.shtml。

［8］光明日报 . 广州的一个人考场，如此贴心 . 新华报业网，https://news.xhby.net/zt/fdywwlkq/202106/t20210609_7118808.shtml。

［9］南方周末 . 与疫情赛跑的广州高考生 . 微信公众号，https://mp.weixin.qq.com/s/OplNJA587kvWEVvfyzcrrA。

# 广州荔湾阿婆确诊后营造众志成城舆论氛围

## ——多元社会主体协同构建正向舆论环境

## 一、事件简介

2021 年，广州遭遇了突如其来的本土疫情，在这场严峻的考验中，社会各界的反应和协同成为广州抗疫工作的重要一环。其中，荔湾郭阿婆作为第一位被公开的确诊病例，其行程轨迹引发了广泛关注。在这一舆情事件中，广州市政府、媒体人和网民展现了高度的责任感和理性，以正向方式引导事件发展，营造出众志成城的舆论氛围。广州市政府、荔湾区政府、市卫生健康委等有关部门迅速反应，多次通过官方"双微"平台、召开发布会等方式主动发声、权威发声、持续发声，全方位展现抗疫工作和场景，营造"众志成城、万众一心"抗疫的舆论氛围。在官方公布郭阿婆的行动轨迹后，部分自媒体人及网民还将郭阿婆行程轨迹调侃为"早茶链"，以幽默诙谐的方式点评事件。其间，广州市民积极响应政府号召参与核酸检测、疫苗接种，全民同心抗疫情绪高涨。各大媒体也密集刊发报道，以正面引导方式跟踪报道其出院情况，充分体现广州包容、温暖的城市特质。2021 年 5 月 21 日至 6 月 14 日，各大平台舆论信息合计逾 3 万篇次。其中，各大网站、移动客户端等平台转载信息约 8000 篇，微博信息约 1000 篇次，微信公众号文章 9000 篇次。截至事件结束，#广州早茶代言人郭阿婆#、#广州首例确诊郭阿婆将出院#等正向话题均在网络上保持较高热度，彰显相关部门良好的网络舆情媒介化治理水平。

## 二、湾区网络舆情媒介化治理策略分析

### （一）政府部门及时公开信息，掌握媒介化治理主动权

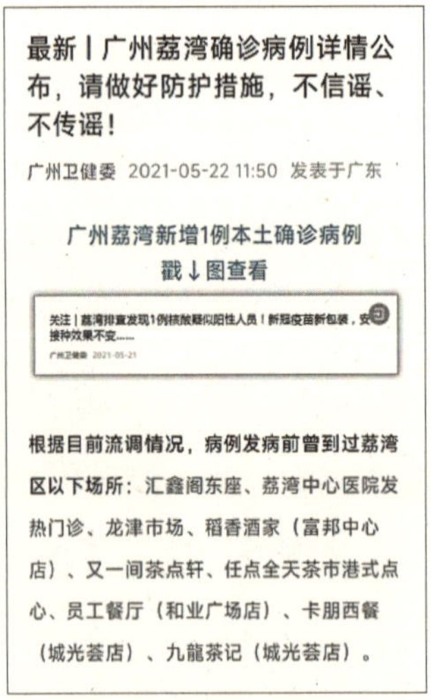
最新丨广州荔湾确诊病例详情公布，请做好防护措施，不信谣、不传谣！
广州卫健委 2021-05-22 11:50 发表于广东
广州荔湾新增1例本土确诊病例
戳↓图查看
关注丨荔湾排查发现1例核酸疑似阳性人员！新冠疫苗新包装，安接种效果不变……
广州卫健委 2021-05-21
根据目前流调情况，病例发病前曾到过荔湾区以下场所：汇鑫阁东座、荔湾中心医院发热门诊、龙津市场、稻香酒家（富邦中心店）、又一间茶点轩、任点全天茶市港式点心、员工餐厅（和业广场店）、卡朋西餐（城光荟店）、九龍茶记（城光荟店）。

图 5-1 “广州卫健委”微信公众号发布郭阿婆的行动轨迹

网络舆情是映射社会舆情的晴雨表，能更快速直接、多层面地反映社情民意，然而面对突发风险事件，信息流动中也充斥着极化、非理性情绪，容易误导民众，甚至引发群体事件。在舆情信息传播的关键阶段，主流媒体要重视网络舆情，及时洞悉舆情演变，把握时机，发布政策解读、知识科普等，消除公众恐慌和不安情绪。本案例所涉及的新冠疫情的爆发和传播无疑对广州市的公共卫生安全构成了严重威胁，同时也引发了社会各界的舆情风暴，因此政府信息发布的及时

性、透明化是舆情事件处置的关键。

在郭阿婆确诊感染后，政府部门迅速公开其行动轨迹和病情进展等相关信息，此举向公众传递出政府对事件高度重视和积极应对的信号，有助于消除恐慌情绪，稳定社会秩序。同时，政府还通过多次召开新闻发布会，及时回应社会关切，满足公众的知情权，赢得信任和支持。这种透明、及时的信息公开和舆情回应机制，有效地引导了网络舆情的正向发展，避免谣言和恐慌情绪的扩散。

### （二）主流媒体丰富报道视角，促进舆情传播正向引导

共情传播作为一种直观且易于激发情绪共鸣的方式，成为激活公众情感、实现社会情感流动的重要途径。本案例中所涉及的突发公共卫生事件，是容易引发舆论广泛关注的民生领域。广州各大主流媒体充分发挥媒介化治理主体作用，不仅及时报道郭阿婆确诊情况和政府应对措施，向公众传递利于社会稳定的信息，助力政府掌握引导舆论的主动权，还从多角度全方位展现抗疫工作和场景，深层次挖掘公众的情感诉求，在加强舆论正向引导和疏解舆情方面发挥重要作用。如《广州日报》通过图文并茂的方

图5-2 "广东最生活"微信公众号推文网民评论

式，详细介绍了医护人员、社区工作者和志愿者在一线抗击疫情的感人故事；《南方都市报》则针对郭阿婆事件进行了深度剖析，引导公众理性看待疫情；《中国青年报》在第一时间报道了郭阿婆出院的消息，并刊登郭阿婆竖起大拇指的照片。这些报道以丰富的视角、直观的形式呈现相关资讯，不仅强化了正向舆论引导效果，还起到了安抚民心、增强信心的积极作用。

同时，相关政务新媒体围绕公众深层次的情感诉求，利用社交媒体开展舆论引导，在话语表达上增强"网感"，善用网言网语，用网民喜闻乐见的画风来表达，引发共情共鸣，带动网民、自媒体人等多元主体成为议题的参与者乃至主动传播者，并在此过程中展现出高度的理性，以各种方式为郭阿婆、医务工作人员等加油打气。自媒体"广东最生活"在微信公众号上发布《75岁阿婆确诊，不小心"暴露"了这样的广州……》，以图文的形式全方位展现医护人员、社区民警、志愿者、街道办的社区工作者在疫情防控中的努力与付出，并向其致以崇高的敬意。该推文在朋友圈广为传播，阅读量超10万，许多网民在评论区留言"广州加油！"网民和自媒体人在社交媒体上的理性表达和正能量传递，彰显出广州社会的包容与温暖，也进一步强化全民共同抗击疫情的信心和决心。

在积极健康的网络舆论氛围中，广州全民抗疫氛围浓厚。广大市民高度关注疫情进展，积极响应政府号召，认真配合接种疫苗、核酸检测等各项防疫措施，与政府携手并肩共同抵御疫情侵袭。

## （三）多元主体积极发声，推动正面城市形象建构

城市形象以城市社会经济文化各方面的综合发展情况为内里，是城市外观物质形态和内在精神形态、自然环境与人文面貌的统一体。同时，又因每个城市在其发展与建设过程中都会形成一些属于自身的独特之处，而呈现出鲜明的个性特色。在抗击疫情的过程中，广州展现出团结、互助、勇敢和包容的城市精神，凝聚了社会各界力量。这种精神既体现在政府部门的科学调度、医疗人员的无私奉献，也体现在志愿者们的爱心服务和广大市民的积极配合。广州的抗疫表现赢得了社会各界的广泛关注和赞扬，树立了良好的城市形象。同时，多元主体在互联网上积极发声，也为广州城市形象增色不少。

首先，广州市民在社交平台上理性表达并积极发声，展现其包容与温度。对郭阿婆确诊一事，广州市民没有责怪与谩骂，而是纷纷在社交媒体上表达对郭阿婆的关心与祝福。郭阿婆行程轨迹公布后，广州市民从郭阿婆的流调轨迹里，幽默地推动形成关于广州早茶的多个热搜，如＃早茶传播链＃、＃广州早茶代言人郭阿婆＃、＃广州郭阿婆与医护相约得闲饮茶＃，部分网民更是将郭阿婆的行程轨迹幽默调侃为"早茶链"。还有市民在评论区里直言郭阿婆起到了为广州拉响防疫警报的作用，如表示"阿婆无隐瞒病情，无去小诊所，无躲在屋企，发热就自行去医院，为全城人争取时间"。此外，市民还在微博上"晒"出医护工作者在室外气温超35 ℃的情况下工作，医护防护服下的短裤短袖全湿透的照片，并配文称"每次一有

疫情，前线的医护人员是最辛苦的，致敬全体医护人员！"，激发广大网民的情感共鸣，点赞量超 3000。

其次，广州政府部门积极回应公众关切，增强了政府与公众之间的互动和信任，展现出负责任的政府形象。2021 年 6 月 3 日，时任广州荔湾区常务副区长林隽在疫情防控新闻发布会上的一番话在社交平台上引发热议，他坦言"我们做得还不够"，"希望大家可以一起群策群力，一起出点子，怎样能又满足防控的要求，又能够提供更多更好的、更精准的生活用品给到各地区的群众，让他们更加安心、更加暖心，共同度过这段艰难的日子"。这种诚恳的发言获得网民支持与认可，微博相关帖文累计点赞量达 500。

在本案例中，可以看到官方舆论场与民间舆论场不断正向互动，多元主体积极发声，有力推动广州正面城市形象建构。对此，新华社记者在《守护"南大门"全力阻断传播链——广东疫情防控一线侧记》中写道：没有"人肉"搜索的网络暴力，广州此次疫情平添不少网络温情，体现了一座城市的文明和温度。

## 三、结语

在此次事件中，多元社会主体面对突发本土疫情展现了高度的责任感和理性，以正向方式引导事件发展，营造了众志成城的网络舆论氛围。其中，政府及时公开信息，提高了透明度；媒体全方位报道，强化了正向引导；网民理性发声，传递了正能量；全民参与抗疫，展现出众志成城的精神。

为更好地应对重大民生事件的网络舆情，后续政府部门开展媒介化治理时，要做好舆情预警与处置工作，构建风险的早期识别和预警体系，在舆情产生和传播阶段，做好信息发布与沟通工作，有效降低重大突发事件的社会影响；要畅通政务新媒体、留言板、短视频、传统大众媒体等群众诉求表达渠道，构建"公众参与—政府回应"机制，通过媒体架构起两者之间的关系，把解决问题作为媒介化治理的核心内容；要适应传媒变革，"以我为主"利用好新媒体，把公众的注意力引导到社会共治的方向上来，发挥媒介化治理的社会动员功能，引导各方参与社会治理，从而达成共识、化解危机。

## 参考资料

［1］中国青年网. 刚刚! 广州本轮疫情首例患者，75 岁郭阿婆出院. https://baijiahao.baidu.com/s?id=1702153499249383104&wfr=spider&for=pc。

［2］广东最生活. 75 岁阿婆确诊，不小心"暴露"了这样的广州. 微信公众号，https://mp.weixin.qq.com/s/KBOxdFS24PVH_4Zab91IsQ。

［3］网易号. 广州阿婆确诊 14 天后，我重新认识了遍广州! https://www.163.com/dy/article/GBNLD9U40516FC9F.html#post_comment_area。

［4］人民资讯. 75 岁阿婆确诊，"暴露"了这样的广州 75 岁阿诊，"暴露"了这样的广州. https://baijiahao.baidu.com/s?id=1700517258510335883&wfr=spider&for=pc。

［5］北京日报客户端. 5 月 21 日疫情速递! 广州 +1 本土确诊，去过 6 家餐饮店. https://news.bjd.com.cn/2021/05/21/92325t100.html。

# 广州地铁主动快速应对神舟路站进水

## ——国企谋求媒介化治理主动权化危为机

## 一、事件简介

2021 年 7 月 30 日 12 时 46 分许，受暴雨影响，广州地铁 21 号线神舟路站外一个工地挡水墙出现小面积倒塌，地面积水经通道涌入站内。恰逢河南郑州"7·20"特大暴雨致地铁 5 号线严重积水造成 14 名乘客不幸遇难事件发生不久，相关话题产生连带效应，迅速引发媒体、网民广泛关注，致舆情快速升温。数据显示，2021 年 7 月 30 日 14 时 30 分凤凰网大风号发布文章《受暴雨影响，广州地铁 21 号线神舟路站暂停运营》，最早引发舆论热议，推动舆情关注度在 7 月 31 日零时达到高峰。

事发后，广州地铁等相关责任主体第一时间积极主动发声，并通过社交平台"直播"等方式，回应公众关切，快速应对舆情，增强事件处置过程的公开性和透明性，充分体现了国企舆论危机意识和媒介素养。在事件得到妥善处理后，#广州地铁神舟路站进水暂停运营#等热门话题讨论保持较为理性的正向发展态势，彰显有关单位的网络舆情媒介化治理水平。

## 二、广州地铁网络舆情媒介化治理策略分析

### （一）及时公开事件信息，降低舆情发酵风险

突发公共事件具有破坏性、不确定性、扩散性等特征，往往对国家安全、社会秩序、公民人身安全及财产构成重大威胁和损害。而精准把握突发公共事件媒介呈现的"时度效"，有助于应对危机，并在善后工作中降低损害。在事发后，广州地铁第一时间通过官方网站、微博、微信公众号等渠道发布停运信息，告知市民最新的地铁运行情况，做到主动承认事故事实，严肃调查了解真相，并及时告知公众。

一方面，及时公开信息是建立公信力的基础。在事发 30 分钟内，广州地铁通过官方微博迅速发布停运通知，以公开透明的方式，向社会公众

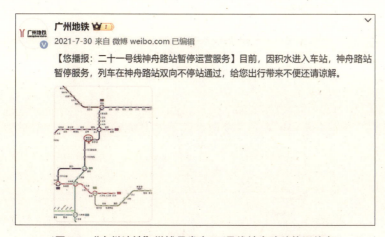

图 6-1  "广州地铁"微博号发布 21 号线神舟路站停运信息

和乘客展示其在媒介化治理方面的努力和成果，增加公众对企业的信任度和好感度，提升企业的公信力。

另一方面，通过社交平台公开信息便于企业与公众的互动，让企业更好地了解受众的需求和期望，快速调整传播策略，提高治理效果。在媒介化治理的过程中，负面舆论是不可避免的。企业公开透明地处理问题和应对危机，可以更好地履行社会责任，增强社会责任意识。这有助于企业与社会公众建立良好的关系，提高企业的社会声誉和形象。广州地铁作为城市公共交通的重要组成部分，透明处理突发事件和应对危机，及时对外发布消息、回应社会舆论关切，与社会公众建立良好的关系，有助于抢占舆论制高点，赢得公众理解，避免不安和恐慌情绪的蔓延，降低负面舆论对企业形象的影响。

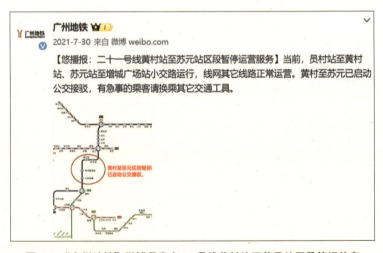

图 6-2 "广州地铁"微博号发布 21 号线黄村站至苏元站区段停运信息

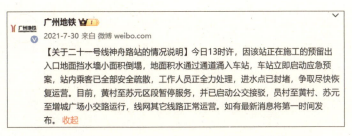

图 6-3 "广州地铁"微博号发布 21 号线神舟路站的情况说明

## （二）滚动发布后续动态，回应公众热点关切

地铁线路积水突发事件，对伤亡人数、原因、次生灾害的追问等是最重要的舆情引爆点。广州地铁在事发 30 分钟后，在其官方微博滚动式发布 10 余条信息，变"被动应对"为"主动发声"，及时向公众通报

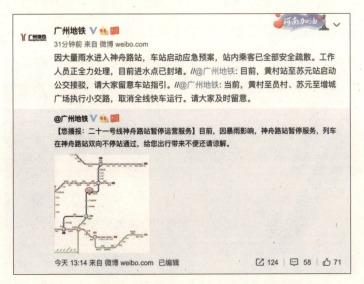

图 6-4 "广州地铁"微博号发布神舟路站启动应急预案消息

线路暂停服务、启动应急预案、站内乘客安全疏散等舆论最为关切内容。广州黄埔发布、广州交通等多个政务微博、自媒体账号迅速转发，有效引导舆论，实现从"请您别说"到"来听我说"引导方式的转变，不仅满足市民的知情权，还挤压了谣言和有害信息产生的空间，防止舆论偏转。

　　同时，官方通过主流渠道公开表明立场和态度，有助于保持社会舆论的相对稳定，彰显企业人文关怀，帮助企业树立正面形象。在该事件中，"广州地铁"微博号在事故发生的 4 小时内，先后发布多条微博：7 月 30 日 13 时 14 分发布，受广州暴雨影响，二十一号线神舟路站暂停服务，列车在神舟路站双向不停站通过；13 时 20 分更新消息，黄村至员村、苏元至增城广场执行小交路，取消全线快车运行；13 时 36 分再次宣布，地铁黄村站至苏元站已启动公交接驳；13 时 59 分通报，车站已启动应急预案，

图 6-5　广州地铁站内提醒

图 6-6　地铁站外接驳车疏散客流

站内乘客已全部安全疏散，工作人员正全力处理，进水点已封堵；14 点 30 分许发布，神舟路地铁站 B 口已被护栏围蔽，入口处停放多辆地铁抢险车，现场正在进行抽水作业。应急、消防、公安等有关部门已经到现场实施抢险救援，维护现场秩序。

　　在系列官方消息通报中，广州地铁作为涉事主体，一方面做好线下处置工作，提醒乘客提前规划好行程，配合车站工作人员的指引，并安排其他交通工具来回接驳，疏散受暴雨影响较大片区的客流。另一方面，考虑到突发事件对公众的影响和社会责任，通过及时滚动发布后续消息，回应民众关切，让民众感受到广州地铁的人文关怀和责任心，提升了企业的社会声誉和形象，并彰显广州的城市治理水平。网民普遍称赞广州地铁的应急保障能力，认为其及时向媒体及社会公开事情缘由，起到行业表率作用。

## （三）构建舆论引导矩阵，提升共情动员效果

在本事件中，广州地铁利用全媒体矩阵下各个传播载体的不同特点和优势，迅速触及具有不同需求的受众，实现共情传播效果的最大化。

《南方日报》《南方都市报》、羊城派客户端等本地媒体以图文、图

**图 6-7  网民拍摄上传至视频平台的现场图片**

图 6-8　微博网民带话题发布地铁站内现场图片

集、直播等多形式动态报道事发现场情况、抢险工作进展和专业人士的解读，通过更具视觉冲击力的呈现方式，与受众达成情感共鸣。《南方都市报》、广州广播电视台等媒体发布《最新披露！广州地铁还原积水始末》《暴雨致神舟路地铁站进水！乘客已全部安全疏散》等文章，还采用"短语＋感叹号"的简短句式来撰写标题，增强文字的情感动员效果，从而形成网民自发转发的传播热潮。

　　新媒体平台已成为公众参与公共议题讨论和情感交流的主要平台，也成为表达媒体立场、引导公众情绪的重要场景。一方面，身处事发现场的网民通过拍摄视频、图片等方式，并上传至哔哩哔哩等视频分享平台，直观反映实际情况，并通过评论、转发等互动功能讨论议题和抒发情感。另一方面，《南方日报》、广东广播电视台、《广州日报》等本地媒体在微博开设＃广州地铁神舟路站暂停运营服务＃、＃广州地铁21号线神舟路站进水＃、＃广州地铁神舟路站恢复运营＃等话题，主动搭建与网民沟通的渠

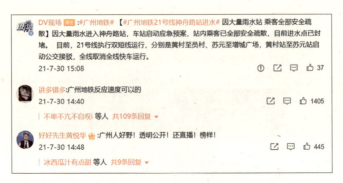

图 6-9　微博网民评论

道。截至 2021 年 8 月 3 日，相关话题累计阅读量超 3 千万，数千名网民
参与讨论，多数网民点赞"广州速度"，并向一线抢险工作者致敬。

## 三、结语

在全媒体时代，管理部门想要妥善处置现存的公共交通运输行业的舆
情危机，就需要顺应媒介化治理的思维，不仅要了解日常道路交通方面存
在的安全隐患，还要在事发当时和后续掌握媒介化治理主导权。本次事故
在广州地铁在建史上尚无先例，当积水漫过挡水坎，进入运营站厅，地铁
集团与项目部分别启动应急响应，同时抽调大量人员，及时疏散乘客，局
部停运地铁列车，应急快，抢险快，无人员伤亡，应急处置果断，值得总
结和推广。

具体来说，广州地铁在本次事件的处理应对中较好地做到了两个"及
时"。一是及时采取预防措施、启动应急预案，在事发后第一时间进行现场

车辆疏导，指挥工作人员抢救伤员，避免二次事故的发生。二是及时上报相关情况、透明公开信息。在此基础上查明事故发生的根本原因，了解事件的经过和成因，并借助图文、视频直播等媒介手段和形式将事件完整、真实地公布出来，避免歪曲和隐瞒事件真相，保障了广大公众的知情权。

　　广州地铁等相关单位以及政府部门不仅在网民情绪生成的过程中以关键信息传播减缓恐慌情绪，最大限度避免谣言滋生，还实现了对从个体情绪到社会情绪的过程性、系统性治理。首先，在行动层面做到了迅速反应、安全疏散，采取适当的应急举措。其次，在心理层面加强对相关乘客的情绪引导，在遵守应急处理规范的前提下，通过广播、宣传栏、社交媒体等方式，配以安抚关切的语态口吻，优化情绪处理流程、善用沟通技巧，有效疏解乘客及公众的负面情绪。除此之外还通过大数据、算法等技术监测分析相关数据，及时了解乘客的情绪状态和变化趋势，更好地制定针对性的情绪管理策略，提高治理效果。最后，在事件发展后期，广州地铁积极建立舆情应对机制，通过新闻发言人制度、及时发布权威信息等方式，及时回应社会舆论和媒体关切，增强企业的公信力和透明度，减少负面舆论的影响。

　　在媒介化治理的过程中，广州地铁既能够最大限度地发挥自有渠道的传播力，还能够迅速联动其他媒体并与网民积极互动，善用媒介技术提质增效。地铁作为国企通常拥有一定的媒体资源，如地铁站内的广告位、电视屏幕、广播等。这些自有渠道在使用上更加灵活、方便，可以被用于传播服务信息、安全提示等内部信息，也可以根据需求用于定制化传播推广企业形象。在联动其他媒体方面，地铁国企可以与报纸、电视、网络等外部媒体合作，共同推广企业的形象和服务，扩大企业的知名度，增加受众的覆盖范围。但由于这些媒体不是地铁国企自有的，因此在使用上可能需要更多的协调和沟通，同时也需要考虑媒体的传播特点和受众群体。总的来说，地铁国企在实施媒介化治理时，需要根据企业的实际情况和目标受众，灵活运用自有渠道和联动其他媒体，以实现最佳传播效果。

　　媒介化治理是一个持续改进的过程，企业需要根据实际情况不断调整传播策略，以适应市场和受众的变化，从而保持竞争优势，实现可持续发展。本次事件妥善处置后，政府通过优化制度开展系统性治理。2023年9月15日，广州市人大常委会在官网就《广州市城市轨道交通管理条例（修订草案修改稿·征求意见稿）》公开征求意见和建议，拟于2023年10月对《广州市城市轨道交通管理条例》进行第二次审议并交付表决。该条例对城市轨道交通经营单位、作业单位等机构提出相关管理措施，如针对客流量激增情况采取限流临时措施；针对乘客列明携带电动代步工具进站乘车、随地吐痰、乱扔果皮纸屑等多项禁止行为。在条例逐步得到修正完善后，有望进一步强化城市轨道交通的管理措施，规范乘客的不当行为，通过制度优化进行系统性治理和应对，最大程度避免负面舆情出现或进一步发酵。

## 参考资料

　　[1] 陈佩君、胡雅洁. 提高传播效率，抢占舆论制高点 [J]. 新闻战线，2021（05）：81。

［2］朱竹青.社会情绪特征对社会舆论的影响方式和途径——以"新冠"肺炎中的舆论实践为例［J］.今传媒，2020（04）：28。

［3］侯毅.情感的呼唤：突发公共事件报道中的共情策略——以人民日报新冠肺炎疫情报道为例［J］.报刊观察，2020（06）：28。

［4］刘思雨、季峰.共情传播与价值认同：主流媒体报道体育新闻的当下逻辑——基于《人民日报》微博东京奥运会报道的分析［J］.传媒观察，2021（10）：67。

［5］徐艳晴、许土妹、黄燕梅.传播过程理论视角下突发事件网络舆情的影响因素及机理研究［J］.海南大学学报（人文社会科学版），2022，40（02）：126-136. DOI:10.15886/j.cnki.hnus.20210915。

［6］李春雷、申占科.媒介化治理：概念、逻辑与"共识"取向［J］.新闻与写作，2023（06）：5-12。

［7］喻国明、靳一、张洪忠等."非典"事件中信息透明化处理的传播效果探析［J］.中国广播电视学刊，2003（07）：16-19。

［8］中国基建报.广州.地铁21号线7·30进水事故调查公布，中铁隧道集团等多人被处理.https://www.baidu.com/link?url=yjCkh4DFxP6YiSuKp0Uhy8kUEEdnn6HPSRUcBzjs8tCwcbi8IzDF_skYR1q3bvBBoBneqKoefoumM6jWSMikgdrm_42f_GjKdTsYXDcIRWC&wd=&eqid=d63346b2000005400000000665229b4a。

［9］新快报.21号线神舟路站因积水涌入暂停运营，进水原因：预留出入口挡水墙倒塌.微信公众号，https://mp.weixin.qq.com/s/2JMoCdttohQoTtY5sWAhFQ。

［10］界面新闻.出入口工地积水倒灌，广州地铁21号线神舟路站停运.https://mp.weixin.qq.com/s/5zlfsMJinkNjBN8WSTbkbw。

［11］广州黄埔发布.地铁21号线黄村—苏元暂停运营！神舟路站浸水已基本排干！直击现场.微信公众号，https://mp.weixin.qq.com/s/uLfBj3oqR7auaBew0sVTQQ。

［12］广东台今日关注.广州地铁一站点浸水，乘客紧急疏散、站点停运！原因初步查明.https://mp.weixin.qq.com/s/USXJ6aacfeibRTFpF8S5hQ。

# 湾区本土动漫企业创造性转化中华优秀传统文化

## ——线上线下联动引海内外受众情感共鸣

## 一、案例简介

"猪猪侠""百变校巴""超学先锋"等一系列在海内外具有知名度的原创动漫 IP，均出自一家位于粤港澳大湾区中心城市广州的数字动画影视内容创作生产企业——广东咏声动漫股份有限公司（简称"咏声动漫"）。作为一家成立于 2003 年的企业，咏声动漫 20 年多年来在实践中积累了丰富的经验，不仅以动漫 IP 内容为核心、3D 动画制作技术研发为基础，不断深挖中华优秀传统文化，夯实开发原创动漫 IP 的能力，还注重 IP 文化产品海内外传播，实现旗下作品在海内外 150 多家播放平台播出，覆盖超过 50 个国家和地区，相关内容被译制成十余种语言传播，并建立起自有品牌媒体矩阵，进驻 TikTok、YouTube、Facebook、Twitter 等海外热门社交媒体平台，全球粉丝累计逾千万。

这与其将海内外媒介化治理思路贯穿"动漫内容制作—动漫内容发行—动漫衍生内容、产品和服务"全链条业务体系密切相关，各环节密切结合不同传播区域海外市场需求和特点进行本土化调整，通过海内外发行及播映、周边衍生品授权及玩具出口销售等方式，实现原创动漫 IP 本土传播以及国际化合作，迈出文化"走出去"的坚实步伐。

## 二、网络舆情媒介化治理策略分析

### （一）创新中华传统文化表现形式，促进受众情感共振

在原创动漫 IP 作品的内容构思、动漫制作、产品发布全流程中，咏声动漫注重以海内外传播视角，创新表达中华优秀传统文化，实现动漫产品与海内外受众的情感共振，增强中华民族的文化自信，推动中华文化走向世界。

一是内容构思注重提炼中国与世界文化共性精神标识。咏声动漫在原创动漫 IP 内容构思中，以中国丰富的优秀传统文化为创作源泉，提炼人类共通的情感和价值观的部分。如《狮子学狮》短片中，主角是一只被困在广州动物园却很有表演欲的狮子，其通过学习跳舞去激发自身潜力、挑战自我。该短片选取"醒狮"这一具有代表性的中国传统的民间表演艺术形式，突出表现"不断突破自我和追寻真我"的精神内核，宣扬舞狮深厚的文化底蕴和顽强生命力，实现与海内外受众的情感共振。又如，2024年在全球上映的《落凡尘》，以中华优秀传统文化及民间故事为题材，讲述牛郎织女后代的故事，作品通过探讨人性、家庭、情感等普世主题，聚焦一系列容易引发受众广泛共鸣的故事元素，实现情感共同体培育。

二是动漫制作创新发展。咏声动漫注重运用数字动画技术创新内容表达，借助技术赋能来聚合海内外受众群体之间的共通情感，打造出"新国漫"标杆，衍生出情感共融的文化情境。如全新国漫电影《落凡尘》在制作上采用三维数字动画技术，二维手绘技术与实时渲染技术相结合的方式，为受众营造出直观可视的"引水成绸铸繁星"瑰丽神秘感，赢得受众的好评。咏声动漫不断加强文化与科技的融合，布局元宇宙应用技术与场景，推动自研的动画制片引擎"Intelligent Nodes"智能协作软件在行业内的应用，强化数字动画制作工业化能力，为数字动画工业化提速。结合新时代特色不断推进动漫制作创新与发展，以更优质的视觉效果表达原创动漫 IP 内容，让海内外受众"沉浸式"领略中华优秀传统文化魅力，强化中华民族的文化理念的情感渗透。

三是"去地域化"消减文化壁垒。产品发布时尊重在地受众文化习惯，咏声动漫把原创影视作品译制成英语、韩语、俄语等 10 余种语言"出海"，一系列知名原创动漫已在境内外 150 多家主流播放平台播出，覆盖北美、东南亚等逾 50 个国家和地区。值得注意的是，原创影视作品"出海"并非简单地直译作品内容，而是通过连接海外相关领域资深专家及团队，借助其力量对作品内容进行本土化调整，以适应海外市场的不同特点和需求。

在语言表达方面，创作团队主动打破因地域差异引发的文化壁垒，如在欧洲地区播出的作品将"面条"改为欧洲受众更容易理解的"意面"，通过在地化的同义词替换，有助于减少不同国家和地区之间的文化隔阂，提高受众的接纳度，便于作品更广泛地传播。

在主角外观设计方面，以"猪猪侠"这一角色为例，创作团队采取"去地域化""去标签化"的方法，将其打造为一只外表没有附带明显中国特质的猪，以此提高海外受众对"猪猪侠"的接受程度，借助受众对角色的喜爱，潜移默化传播中华文化及价值观。

在海外发行方面，如《超学先锋》制作团队邀请国外知名编剧 Robert N.Skir（代表作有动画版《蝙蝠侠》《蜘蛛侠》《超人》等）加入编审团队，为《超学先锋》国际发行打下了良好基础。《超学先锋》成为唯一一个中国项目入选法国戛纳影展 MIP Junior 全球五部评委重点推荐的优秀作品，以超学科教育理念输出以及国际化的制作水平赢得了国际市场，成为咏声动漫国际化合作的"排头兵"。

### （二）推进原创 IP 动漫价值开发，拓展受众认知覆盖面

以"做好中国原创 IP，讲好中国故事"为核心策略，咏声动漫依托自身强大的原创 IP 能力和产业链运营能力，在内容创新以及构建完整且成熟的产业化链条上持续发力，多维度触达各年龄段受众、多种场景拓展受众覆盖面，实现受众年龄层和社群的突破，提高原创动漫 IP 产品的影响力，实现更多主体的情感共通与共识达成。

一是拓展 IP 矩阵覆盖年龄段。为适应不同群体的动漫产品需求，咏声动漫自 2018 年起不断丰富 IP 所覆盖的年龄段布局，在强化儿童 IP 市场布局方面，在以《猪猪侠之竞球小英雄》《猪猪侠之竞速小英雄》为代

表的聚焦于竞技和团队合作主题的小英雄正片系列基础上，推出以《恐龙日记》《南海日记》为代表，以贴合新时代的生活场景和时代精神的故事内核，创作学龄前儿童科普教育的快乐科普番外系列，打造寓教于乐、更多元立体的猪猪侠知识 IP 体系。咏声动漫还面向青年群体打造"国漫四部曲"——《落凡尘》《凤凰与我》《狮子学狮》《觉醒》，分别以中国民间传说、中国图腾文化、醒狮文化、中草药文化等中国传统文化元素为核心，传递优秀传统文化和民族精神，推进"全龄段"多元 IP 布局。

二是拓展原创动漫 IP 衍生产业。随着媒介技术的不断更新，动漫受众的信息接收习惯和消费场景发生了巨大变化。为了让粤产 IP 持续焕发新的活力，打造 IP 与受众群体在日常交往过程中的"黏性关系"，咏声动漫创作团队不断开拓 IP 形象衍生产业。

在媒介化治理视野下，公众的情感资源是一种基础性资源，咏声动漫通过动漫 IP 开发出 12 个实体衍生产业，覆盖玩具、出版物、儿童休闲食品、家居用品、主题乐园、舞台剧等共计超百种品类，如利用"猪猪侠"开发了一系列 IP 衍生品，如 PU 解压 Q 弹猪猪侠、MINI 飞鱼系列盲袋、猪猪侠初代形象毛绒玩具等，还与百分茶水果茶、许府牛火锅局、麻辣王子辣条、《蛋仔派对》手游、Keep APP 线上主题跑奖牌等进行跨界合作，营造出多元行动者主体的身体实践与日常交往场景，在与受众的情感共振过程中建立"黏性关系"，实现年零售市值超 50 亿元。同时，动漫衍生实体产业的发展也反向带动了动漫 IP 热度，助力咏声动漫原创动漫 IP 的品牌传播和升级。

图 7-1　咏声动漫 IP 衍生品

　　高度媒介化的社会，更加凸显媒介通过信息传播整合社会关系而形成社会互动的作用。2023 年"猪猪侠" IP 迎来 18 周岁，咏声动漫抓住新技术革命催生出的多元媒介终端样态，通过表情包、短视频混剪等方式，在社交媒体传播初代"猪猪侠"形象，引发网民在社交平台二次创作，推动形成现象级火爆话题。截至 2023 年 9 月 12 日，5 月份上线的猪猪侠经典表情包在微信平台下载量已超过 2 千万次，累计发送次数破 7 亿，实现品牌影响向社交媒体平台转移，推动"猪猪侠" IP 出圈覆盖更多的受众群体。

　　三是以数字技术实现线下交互。媒介化时代的行动者与媒介技术之间的可供性转换为一种交互关系，有学者认为，技术可供性是"行动的有机体与被行动的环境的互补"。咏声动画科技馆于 2019 年 12 月正式开馆，

图 7-2  猪猪侠表情包

以"人人都是创作艺术家"为办馆理念，共设动画科技展厅、广府新次元、咏声大剧场等七大功能空间，集数字科技文化展示、动画创作体验、艺术活动交流、主题亲子游乐、动漫衍生品零售等功能于一体。咏声动漫利用可交互式的 MR 技术，将"猪猪侠" IP 故事与 MR 技术相结合，开发《寻找超级棒棒糖》MR 动漫游戏，使得进入科技馆的受众与展厅的媒介技术之间处于一种相互依存、互相建构的过程中。参展受众通过与"猪猪侠"的沉浸式游戏"探险"，可以获得跨次元交互的乐趣，感受科技智能技术带来的虚实融合体验。同时，受众从科技馆提供新颖独特的数字动画沉浸式互动体验，开启动漫制作、元宇宙创客等系列研学课程之旅。而咏声动漫科技馆通过寓教于乐的动画科普，深受受众的喜爱，成为广州新晋动漫文化打卡点之一。借助新颖独特的数字动画沉浸式互动体验和寓教于乐的动画科普特色，咏声动画科技馆先后荣获国家 3A 级景区、广东省

图 7-3　咏声动画科技馆

科普教育基地、广州市研学基地、市科普基地等荣誉称号，并成功入选广东省工业和信息化厅虚拟现实先锋应用案例。

### （三）深化多元传播渠道场景布局，适应受众认知偏好

媒介化是对主体元认知和关系系统的一种重塑，媒介化治理则是在媒介化思维范式上对未来数字化时代的一种应对。伴随短视频类平台的快速发展，咏声动漫不断拓展媒介渠道，除了电视台、视频播出平台以及院线等 IP 发行渠道，还进驻各大自媒体平台，为多个原创动漫 IP 分别建立自媒体账号。

一是建立自有官方运营自媒体账号。咏声动漫布局国内外自媒体平台，在国内进驻平台包括双微一抖（微信公众号、微博、抖音），以及快手、B

站、小红书等，通过运营原创动漫 IP 自媒体账号提升 IP 的活跃度和覆盖面，构建 IP 多维度影响力，不断积累形成庞大的用户群体。目前，猪猪侠粉丝数量累计超过 1000 万。同时，咏声动漫抓住社交媒体平台的新机遇，强化海外传播阵地建设，推动中国原创动漫精品在全球市场的播出，提升全球化品牌影响力。近年来通过在 TikTok、YouTube、Facebook、Twitter 等社交媒体平台开设运营企业号和 IP 品牌账号，在全球建立起品牌媒体矩阵，以多元营销手段进行动漫内容及产品的推广，形成品牌传播规模效应。如在 YouTube 账号"猪猪侠 GG Bond"日更 2 集（30 分钟视频）或 1 集动画＋花絮，其中，《猪猪侠之竞球小英雄　第十四季 GG Bond: Dodgeball Legend S14 EP 101-104》获得 393 万次观看，获得海外受众的认可，实现国产动画"出海"，践行"以国漫向全球讲好中国故事"的使命。

二是善用自媒体逻辑营造情感共振场景。一方面，咏声动漫利用自媒体社交属性，多次组织引发受众共鸣的社群话题。2023 年暑期以来，咏声动漫在快手、抖音等各大社媒组织发起 #GGBond 被我抓了 #、# 主线任务解救 GGBond# 等话题讨论，引发大量受众自发参与创作，累计登上热搜、热榜话题超过 70 个，相关话题阅读量累计超过 26 亿次。另一方面，运用自媒体内容电商实现线上线下场景共通。咏声动漫通过内容＋动漫 IP 衍生品视频推送，让动漫 IP 产品有效触达目标用户群体，既能在电商平台进行销售转化，获得经济收益，同时通过吸引受众购买产品的形式，自主把动漫 IP 对受众的触达从线上延伸至线下，营造虚拟与现实联动的情感共鸣场景，深化动漫 IP 与受众的情感连接，使得动漫 IP 在线上线下潜移默化地对受众产生影响。

三是尊重海外受众在动漫信息接受方面的渠道偏好。根据咏声动漫的动漫出海经验，国内和国外受众观看动漫的媒介渠道偏好存在明显差异，国内主要是以互联网平台观看为主，电视台角色定位逐渐演变为动漫播出提供质量保障的认可，即权威的公信力价值。目前咏声动漫的国内传播虽然覆盖了大部分主流电视台，但其传播运营更侧重互联网平台。

而海外受众观看动漫的媒介偏好以大屏为主，即以电视台为主，这与国内存在明显差异。因此，咏声动漫通过法国戛纳电视节展 MIPTV、新加坡亚洲电视论坛展览会 ATF、韩国国际广播电视展 BCWW、香港国际影视展 FILMART 等多项海外影视展会活动，加强与全球各大媒体的线上线下交流及合作，向全球客商和受众展示中国动漫作品和文化形象，增强海外受众对国产动漫的认知度和喜爱度。

## 三、结语

文化和旅游部在《"十四五"文化产业发展规划》中提出，要加快健全现代文化产业体系，推动文化产业高质量发展，建设社会主义文化强国。具体到动漫产业，主要有三个发展方向：一是提升动漫产业质量效益，以动漫讲好中国故事，生动传播社会主义核心价值观，增强人民特别是青少年精神力量；二是打造一批中国动漫品牌，促进动漫"全产业链"和"全年龄段"发展。三是发展动漫品牌授权和形象营销，延伸动漫产业链和价值链,开展中国文化艺术政府奖动漫奖评选。

咏声动漫积极响应国家文化产业发展规划,抓准多个发力点,为国产动漫的发展提供可借鉴的思路。在内容创作上,咏声动漫对中国优秀传统文化进行现代化演绎,在作品中注入人类共同的情感和价值观,赢得海内外受众的观念共识和情感共鸣;在技术运用上,注重运用数字动画技术创新内容表达,如利用 MR 等技术为受众带来虚实结合的沉浸式体验;在传播策略上,运用多语言传播、本土化调整、国际化合作等方式,将动漫作品及衍生品推向国际市场;在产业布局上,依托自身强大的原创能力和全产业链运营能力,持续孵化全年龄段多元 IP 矩阵。

与此同时,由于国际上的政治、文化差异,国产动漫依旧存在对外传播困境,需要有相应的对外传播策略进行应对。

一是内容为王,以共通的语言传达精神内核。在选题立意方面,若作品中带有明显的文化符号和价值观,会适得其反,容易引起海外受众反感。对此,咏声动漫避免过度强调地域性,明确只有包含世界人民共通情感的作品,才能引起广泛共鸣。在叙事表达方面,相比西方文化的直接表达,中国典型的间接含蓄的叙事方式会阻碍创作团队表达出明确直观的思想。在挖掘本土文化时,若没有进行进一步的转换,则容易在作品中出现让海外受众难以理解的暗喻符号,影响作品的覆盖范围和传播效果。因此,在创作时,应避免信息碎片化和复杂化,以简明的叙事方式,凸显角色特征和故事主线。2022 年,3D 成了国漫热潮,但在将 3D 技术融于内容之时,却出现一些割裂的情况。由此可见,当创作团队过于追求技术而忽视内容时，等于给作品披上华丽的壳，却没有实质的剧情来承载所要表达的精神内核。因此，创作团队应当明确技术是服务于内容的。

二是不断调整发行策略，适应海外市场规则。海外文化壁垒一直存在，主要体现在文化审查和文化偏见上。一方面，作品在海外发行时需要符合当地的文化审查制度。如美国、日本、韩国等均制定了相应的分级制度，保护各个年龄段受众的观影权益。另一方面，部分海外客户团队对中国传统文化存在偏见，虽然这种偏见在逐步弥合，但当涉及海内外多元化合作时，国产动漫仍会面临限制。对此，咏声动漫提供的借鉴思路是，在保证作品核心内容和价值观不变的基础上，根据不同国家地区的文化差异，进行适当的调整。同时，联结熟悉当地相关规章制度的发行商，由其根据市场差异调整发行策略。

三是重视动漫人才培养与组织建设。近年来，我国的动漫产业发展迅速，产值平均以每年20%的速度增长，相关产业亟须大量的人才支撑。据中国产业信息网统计，动漫行业人才缺口由2012年的15万人扩大至2020年的30万人。尽管国内众多高校开设了动漫专业，但是人才培养还远远不能满足需求，高端人才更是匮乏。针对这一问题，咏声动漫也以实际行动作出表率。2015年，咏声动漫发起"青年动画艺术家扶持计划"，通过为全球动画创意人提供专业诊断、技术支持、宣传等方面的资源与扶持，挖掘与培育具备前瞻视野、卓越创意的动画新生力量。该项目已成功孵化《落凡尘》《狮子学狮》《觉醒》等系列国漫作品，其中，《狮子学狮》荣获了2020第十三届泽西海岸电影节短片奖等20多项国际奖项。

图 7-4　咏声动漫"青年动画艺术家扶持计划"打造多个青年动画项目

如今，蓬勃发展的动漫产业日益成为承载中国文化"走出去"的重要载体，国漫出海成为动漫企业寻找增量市场的必由之路。咏声动漫以其实践经验，为国产动漫的发展提供有益启示，也为网络舆情媒介化治理提供丰富的借鉴意义。

## 参考文献

［1］马金虎、徐椿梁.新时代中华优秀传统文化的治理价值［J］.陕西行政学院学报，2022，36（01）：57-62。

［2］陈璇.国外动漫分级制度对我国原创动画的启示［J］.影视动漫，2015（11）：226。

［3］熊楚卉.中国动漫产业发展现状及对策分析［J］.学术论坛，2022：114。

［4］用动漫向世界讲好中国故事，咏声动漫入驻国家对外文化贸易基地.https://huacheng.gz-cmc.com/pages/2023/10/13/SF109208375ab0f23b4c6f4098a4eb20.html?channel=weixin&vTime=28287538。

［5］高质量发展调研行 | 走进咏声动画科技馆，感受动画科技新特色.https://news.dayoo.com/gzrbyc/202302/27/158752_54433477.htm。

［6］文化和旅游部.《"十四五"文化产业发展规划》(附全文).https://www.sohu.com/a/471035337_425901。

前沿观瞻

# 粤港澳大湾区主流媒体强强联动
# 持续开创媒介化治理新型探索

摘　要：近年来，粤港澳大湾区内地城市与港澳地区主流媒体探索把媒介化思维嵌入社会治理网络，联结权威机构、媒介平台、社会群体多元社会主体，协同参与现实问题的过程性治理实践，适应港澳地区受众对内容题材和话语方式的偏好，创新性运用象征符号、拓展仪式场域、内化主流价值，在情绪、认同、行为多维度协同，促进多主体的情感共通与共识达成，已成为现代化风险模态下的新型治理取向。

关键词：粤港澳大湾区　媒介化治理　社会网络

2017 年，在香港回归 20 周年之际，习近平总书记正式提出实施粤港澳大湾区建设。多年来，在习近平总书记的亲自谋划、亲自部署、亲自推动下，粤港澳大湾区国家战略地位不断提升、互联互通建设加速发展。2023 年 4 月，习近平总书记亲临广东调研考察，强调要使粤港澳大湾区成为新发展格局的战略支点、高质量发展的示范地、中国式现代化的引领地。作为区域传播的核心主体，粤港澳大湾区内地城市与港澳地区主流媒体持续探索创新媒体间协同合作传播实践，为建设一流湾区展现媒体担当、贡献媒体智慧。

## 一、媒体协作在交流碰撞、冲突融合中的治理思维

广东地市和港澳地区媒介传播兼具同质性和异质性，在文化渊源、传统民俗、人文精神等方面类同，而在媒体资源、语言习惯、受众偏好等方面存在差异，前者决定了合作传播的共性基础，后者则为传播互动和适应吸纳提供了必要性和可能性。粤港澳大湾区主流媒体通过交流共享各类资源，调整内容题材和话语方式，让港澳地区民众听得到、听得懂、听得进内地主流媒体声音，实现媒介化治理的交互性、适应性。

### （一）资源共享实现媒介化交互性治理

粤港澳大湾区不同媒体在机构运行机制、内容制作流程、宣传播发渠道等方面存在差异，内地与港澳主流媒体协作需要打通资源壁垒，多形式开展内容交互、资源交换、人才交流，使得各类资源在不同的平台和主体之间顺畅高效流动，促进大湾区内各媒体生产要素协同配合和信息共享。

在内容资源方面，内地与港澳主流媒体深挖地方资源，集合多元强大的节目开发能力和内容制作力量，共同策划、开发、制作精品内容与品牌活动，提升内容版权价值，扩大品牌影响力，拉近港澳民众距离。如广

州广播电视台与香港电台联合出品资讯杂志类融媒体节目《湾区全媒睇》，并邀请澳门广播电视股份有限公司和湾区其他城市媒体、海外华语媒体联合制播，创作一系列有传播力、有辨识度的产品；深圳报业集团与香港商报联手开设"港深合作"频道，实现两端（网）编辑后台打通、稿件实时共享的运作机制，推出《大前海　大未来——〈前海方案〉发布一周年》等深港媒体合作的精品报道。

在渠道资源方面，内地与港澳主流媒体整合聚拢平台资源和服务渠道，积极拓展媒体传播圈，在报道转载、节目转播等方面开展广泛授权合作，通过精品版权输出有机衔接境内外平台，广泛开展嵌入式宣传，提升资源整合价值。如《锦绣湾区一家亲·2023 元宵特别节目》在香港电台

图 8-1　《锦绣湾区一家亲——2023 元宵特别节目》

港台电视 32 频道、澳门广播电视股份有限公司澳视澳门频道、澳大利亚天和电视台 RTV 等 10 个境外华文媒体频道联合播出，同时增设香港电台官方网站、香港圈传媒 "港人讲地" App 等境外新媒体直播平台，实现四大洲投放、全球 50 个大小屏联动，包括近 20 个电视大屏端、30 余个新媒体小屏端。

在智力资源方面，粤港澳三地媒体组建网络媒体共促泛珠三角区域合作发展联盟、粤港澳大湾区广电联盟等，组织大湾区广电视听产业合作论坛、粤港澳大湾区媒体峰会、"粤港澳媒体湾区行"大型采访活动、"融通深港澳"媒体交流采访活动等，搭建起媒体对接交流平台，实现媒体人才相互学习交流、协同合作。

## （二）在地传播体现媒介化适应性治理

复杂适应系统理论由美国学者约翰·霍兰提出，强调微观主体的适应性，能够不断修正自己的行为并与环境共同演化。在合作传播实践中表征为内地主流媒体与港澳媒体针对不同的传播需求、传播对象、传播场域的适应性发展，即尊重传播对象的异质性，根据地区特点和受众需求，推进内容创新和话语方式创新，实现用户受众规模的大规模覆盖和触达。

在题材选取上，内地主流媒体既挖掘港澳地区本土新闻故事，也聚焦港澳与内地共融互通发展的共性议题，采用适宜的叙事方式，设置新闻议题引导港澳社会关注内地与港澳共享发展机遇、共谋区域合作的前景。如围绕《广州南沙深化面向世界的粤港澳全面合作总体方案》政策，广州广播电视台制作发布《南沙未来要这样干！》《乘东风　行远航》等新媒体产品，在生动解读两地深入推进更紧密合作的新动态、新举措的同时，充分展示融入国家发展大局给港人带来的机遇与空间。

在语言习惯上，受历史因素和国际化发展需求影响，香港地区语言环境以普通话、粤语、英文为主，澳门地区则以普通话、粤语、英文、葡萄牙语为主，且港澳两地普遍使用繁体字进行书面表达。因此，在内地主流媒体与港澳媒体协作中，探索采用粤语录播，转换简繁体字符，充分适应港澳受众的语言习惯。如《南方都市报》联合《澳门日报》推出粤语视频报道《澳门特首贺一诚：横琴值得澳门中小企业考虑进驻》，既能让受访者自如地表达想法，也能贴合港澳受众的视听喜好；围绕前海、横琴、南沙建设等主题，广州广播电视台第一时间推出英文和繁体中文报道，并联合港澳媒体在港澳传播落地。

## 二、多元社会主体联动构建媒介化治理立体化格局

社会网络理论强调，在运转着的社会关系网络中，行动者们（包括社会中的个体、群体和组织）作为关系中的节点进行能量传递和交互生成。在媒介化治理网络中，内地与港澳主流媒体作为网络中的核心行动者，通过链接权威机构、媒介平台、社会群体多元主体，围绕服务公共利益、创造价值认同等治理目标，在事实报道、舆论引导与价值引领方面紧密互动、

协同合作，更好地融合媒介逻辑与治理逻辑，在"共治"中实现"善治"。

## （一）权威机构合理调配公共资源

基于行政权力与工作职能，广东各地市机关部门与特区政府、特区司法机构、特区立法会等权威机构联动开展传播活动，运用官方渠道传播信息，实现社会交流互动，从而在媒介化治理中发挥主导、指导或参与的作用。如广东省文化厅、香港康乐及文化事务署、澳门文化局三方充分利用文化资源，合作建立以"粤港澳文化资讯网"为代表的区域文化传播网站、以"粤港澳文化生活地图"为代表的移动终端服务 App 和微信公众号，并由相关政府机构人员或者地方传媒机构工作人员负责信息编辑；粤港两地教育部门充分调动教学资源，支持广州广播电视台、香港电台开设"湾区全媒学堂"，香港特区政府教育局局长蔡若莲发表专门视频讲话，香港特区政府教育局局长蔡若莲、香港特区立法会议员邓飞等十余位教育界知名人士前来现场观摩，深入讨论香港与内地青少年爱国主义教育和文化交流合作等话题。

## （二）主流媒体充分调动传播资源

内地与港澳主流媒体充分挖掘全媒体优势，联合开展内容生产，并通过境内外渠道联动分发，实现多平台立体化传播。如 2022 年 6 月 30 日至 7 月 1 日，粤港澳大湾区 11 座城市的主流媒体携手推出《融通大湾区　同心向未来》大型特别联动报道，通过"慢直播＋现场报道＋城市形象宣传片"多形式呈现"一国两制"强大生命力，并在人民日报客户端、新华社现场云、今日头条、新浪新闻、抖音等百余个媒体平台同步播出；2022 年 9 月 10 日，粤港澳大湾区 11 城再度携手推出《圆月映长空，湾区共美好》中秋联动慢直播，并设置赏明月、话诗词、猜灯谜等互动环节，展现中华传统节日魅力，促进大湾区民心相通。

### （三）社会公众深度参与协同共治

媒介化治理更强调多元社会主体协同参与，是一种过程性治理实践，其目标则是实现多主体的情感共通与共识达成。内地主流媒体在港澳地区的派驻机构充分发挥地缘亲近、人缘熟络的驻地优势，广泛联结爱国爱港民间组织及社会团体多元主体。如南方报业传媒集团、广东广播电视台、南方财经全媒体集团、广州广播电视台等在香港、澳门设立记者站，凭借"人地两熟"的优势，拓展社会各界圈层。如广东广播电视台与香港电视专业人员协会、香港演艺人协会等机构保持良好的交流与合作，广州广播电视台则与齐心基金会、香港蓝营自媒体 KOL 等保持密切联系与合作，实现平台与社会群体价值互构以及内在逻辑上的同频共振。

### 三、大湾区主流媒体合作推进媒介化治理的三重维度

内地与港澳主流媒体积极发挥粤语文化传播产品和文化圈层影响力的特殊优势，以驻港澳记者站为阵地，以合办栏目为抓手，以原创传播作品

为载体，以媒体深度融合发展为牵引，从情绪、认同、行为三个维度，生动诠释新时代下粤港澳大湾区深度融合、协调合作、互动发展的媒介治理实践。

## （一）运用象征符号，唤醒家国情感

内地主流媒体与港澳媒体结合极具家国情怀的传统节日，合力策划具有仪式感的节目、活动，利用集体记忆的象征性与符号性建构，使得"精神在场"的观众通过"媒介＋符号"被连接成想象共同体，继而通过链接群体记忆、唤醒民族精神、建构集体信仰形成情感共同体。2023 年元宵佳节，由广州广播电视台牵头、粤港澳大湾区十一个城市媒体联合创作的

图 8-2 "湾区升明月" 2023 大湾区电影音乐晚会

《锦绣湾区一家亲·2023元宵特别节目》节目以普通话和粤语双语播出，并特别连线美国、新西兰、加拿大各路华文频道记者，与全球华人共享世界各地的元宵节庆活动。节目展演活化粤剧、广东音乐、南派武术等非遗技艺，通过发源于广东、流传并盛行于港澳与海外的广府文化艺术和粤语经典金曲等文化符号的重复再现，运用共通的语言符号，融通华人华侨的思乡之情，建立起个体感受和集体记忆的内在关联，唤醒文脉记忆和家国情怀。2023年6月29日，深圳广播电影电视集团、香港电视广播有限公司（TVB）合作承办"湾区升明月"2023大湾区电影音乐晚会，邀请港澳传奇艺术家重现经典、各地后辈嘉宾深情致敬，以光影与歌声为媒介，构建跨越时空的"音乐对话"，通过代代传承的"时代乐章"，构筑内地与港澳青年交流的桥梁，生动传递民众心声、时代故事、中国精神，调动观众产生对家国共同的情感价值。

**（二）拓展仪式场域，建构国家认同**

内地主流媒体与港澳媒体结合重大时间节点，以"网络＋媒体＋课堂"的创新互动教学模式，打破两地的地理空间隔阂和仪式场域壁垒，将媒介仪式场域拓展至校园，将湾区故事融入香港日常教学，再通过学生这一活跃的"信息纽带"，带动家庭这一社会最小单元的情绪传播，从而实现家国认同的导向作用。如2022年7月15日，广州广播电视台与香港电台联合出品的节目《湾区全媒睇》被香港教育局选定为"适合教学的电视节目"，并纳入香港教育局教材列表，走入全港学校；2022年国庆前夕，广州广播

图 8-3　"湾区全媒学堂"组织穗港"姉妹学校"师生网络连线

电视台和香港电台联合推出面向香港中小学的特别节目"湾区全媒学堂"开篇之作——"国庆一课",组织香港耀中和广州耀华这对穗港"姉妹学校"的师生通过网络连线"同升一面旗、同上一堂课、同唱一首歌",参与到这一仪式活动中来,加深香港青少年的国家认同,进而完成意义的分享、情感的共鸣和身份的确认;2022 年国庆期间,南方报业传媒集团对外传播中心与香港教育工作者联会开展《港故事》进校园活动,将《港故事》作为香港公民与社会发展课实例教材,并邀请视频受访嘉宾作为"主讲人"向香港学生分享感受,增强香港青少年的民族自豪感和主人翁意识。

## （三）推进叙事融合，内化主流价值

在媒介化叙事中,内地与港澳主流媒体通过典型个体的情感价值公开表达,在情绪层面带动港澳社会普通民众的适应性,营造更具隐蔽形态且

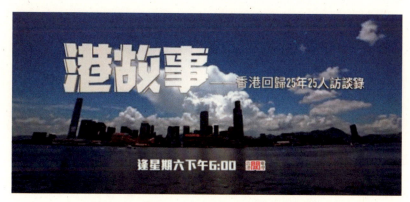

图 8-4 《港故事——香港回归 25 年 25 人访谈录》

结构稳定的主流价值情感氛围，构建起主流情感共同体，并内嵌于公众认知的行为理念。在香港回归祖国 25 周年期间，南方报业传媒集团驻港记者站联动香港电视台推出《港故事——香港回归 25 年 25 人访谈录》系列报道，专访香港每年重大事件亲历者，梳理香港 25 年发展脉络，政界、商界、体育界、学界、演艺界人士及其他领域的市民代表公开讲述感人故事，引导香港各界共同深思香港与祖国的关系、谋划未来发展。广州广播电视台与香港电台等合作方也推出系列报道《25 年·25 人》，通过他者视角与自我叙事的融合，促进两地民众心理共情和价值共识的形成。一方面，报道祖国各地市民对香港的寄语与祝福，通过自我陈述的方式彰显彼此间不可分割的深切情感；另一方面，通过搜寻并邀请多位见证 25 年前回归时刻的香港同胞以及在大湾区内地城市发展的香港青年讲述其亲历故事，以人物专访形式呈现香港融入祖国发展大局的他者视角。

## 四、内地与港澳主流媒体协同治理的发展进路

尽管内地与港澳主流媒体协作生产实践活动在治理网络搭建、媒介仪式表达等方面不乏亮点，也呈现出官方媒体主导宣传、注重即时互动仪式的特点，在民间传播渠道、延时互动形式方面仍存在优化空间，未来仍需进一步提高媒介化治理效能。

### （一）吸纳民间主体，实现传播破壁

当前，内地与港澳主流媒体的宣传渠道以发动境内外官方主流媒体及重点网络平台协作为主，新媒体传播渠道也以主流媒体的"平台号"为主，缺乏自媒体、意见领袖、普通民众等民间主体的"共向"参与。内地与港澳媒体资源的整合更多的是实现由内地向港澳地区，甚至亚太地区的跨地域传播，但如何实现从跨地域传播到跨圈层传播，从而凝聚社会共识，实现价值引领是亟须思考的问题。想要实现圈层与圈层之间的整合，应当将主流媒体合作式传播与用户参与式传播相结合，吸纳民间活跃力量，发挥用户节点作用，借助用户在港澳圈层的关系网络进行渗透式传播，从而串联起更大的社会传播网络。

### （二）优化传播流程，提升传播效能

内地与港澳主流媒体协作下的节目仪式前期通过抽奖形式鼓励受众积

极互动，并发布先导视频、主题歌曲提前预热，但新媒体平台的用户互动和反馈仍有待增强。仪式现场则依靠现场展演的视听符号解码、技术手段加持，如创新引入元宇宙直播间、数字 AI 主播、AI 古风艺人、3D 建模卡通人物等数字化手段，虽然有效丰富即时互动体验，但节目互动仪式的多维拓展有待开发，相对缺乏延时互动的设计。前期，可以通过参与投票或在留言区推荐等方式开启节目歌单网络征集，既契合受众兴趣喜好，又增强受众全程参与感。后期，在视频平台提供直播回放，通过保留弹幕和留言的形式让受众参与延时互动，并以抽奖形式鼓励受众参与二次创作和传播，延续仪式的话题热度和扩大影响范围，唤起受众内心深层的情感体验，进而获得精神上的满足。

## 五、结语

在媒介化治理视野中，粤港澳大湾区内地城市与港澳地区主流媒体基于"爱国爱港爱澳"的共同动机，利用媒介资源的流动性、可复制性和可转移性，充分发挥双方在内容开发、渠道拓展、人才交流等方面的联合行动能力，持续探索在内容共创、版权交易、渠道宣传、联盟组建、平台搭建等方面开展深度合作，同时注重增强内容题材的针对性和话语表达的贴近性，运用兼具交互性与适应性的媒介化思维，更好地惠及粤港澳大湾区受众和地域发展目标。

在媒介化思维的理念指导下，权威机构、媒介平台、社会群体共同构建起媒介化治理网络，发挥和激活各自的治理优势和特色特长，实现多元主体的有机衔接和良性互动。其中，粤港两地教育部门、文旅部门等权威机构共同协调文化、教育等公共领域资源，主导或指导地方传媒机构构建区域传播平台、开展创新传播实践；大湾区主流媒体整合传播资源，携手推出《融通大湾区　同心向未来》《圆月映长空，湾区共美好》等跨区域联动报道，并实现境内外纸媒报刊、广播电视、新闻网站、社交媒体等跨平台、跨介质传播；广东广播电视台香港办事处、广州广播电视台香港记者站等地方派驻机构充分发挥"人地两熟"的驻地优势，广泛联结香港电视专业人员协会、齐心基金会与香港蓝营自媒体 KOL 等社会群体，借助当地社会资源开展活动、发挥作用。

在媒介化治理实践中，《南方日报》、广州广播电视台等省市主流媒体联合香港电台、香港电视广播有限公司等港澳公营媒体，结合元宵、国庆等重要节日，组织举办 2023 锦绣湾区一家亲元宵晚会、"湾区升明月"2023 大湾区电影音乐晚会等仪式活动，运用语言、音乐、文化等丰富生动的象征符号，调动受众的共同情绪，进而引发群体情感共振。在香港中小学，将《湾区全媒睇》《港故事》等合办节目作为教学教材，并通过组织两地"姊妹学校"师生网络连线、邀请嘉宾走进校园分享经历等方式，加深香港青少年的身份认同和民族意识。在香港回归祖国 25 周年期间，联动推出《港故事》《25 年·25 人》等系列报道，公开采访香港各界人士，展现典型个体对香港发展、国家情感等方面的言语行为。内地与港澳主流媒体通过象征符号的重复再现、仪式场域的不断拓展、主流价值的内嵌深化，从情感、价值、行为三重维度，实现港澳地区民众的情感共鸣、价值认同与行为趋同。随着粤港澳大湾区建设的纵深推进与融合发展，在未来的媒介化治理实践中，内地与港澳主流媒体协作仍需加强民间主体的渗透传播、互动仪式的多维开发，通过吸纳民间活跃力量、拓展延时互动形式，增强受众参与感、体验感，在共建两地人民"心联通"方面发挥更大更强的媒体作用。

## 参考资料

［1］李春雷、申占科.媒介化治理：概念、逻辑与"共识"取向［J］.新闻与写作，2023（06）：5-12。

［2］覃玲.聚焦粤港澳大湾区：南方报业传媒集团的创新实践探析［J］.视听，2022（07）：83-85. DOI:10.19395/j.cnki.1674-246x.2022.07.034。

［3］田香凝、赵淑萍.中国特色大区域传播的创新与开拓——基于对粤港澳大湾区传媒新动能的前沿考察［J］.现代传播（中国传媒大学学报），2021，43（10）：6-10。

［4］胡南.把握重大政策机遇探索对外传播模式［J］.南方传媒研究，2022（01）：95-98。

［5］唐铮.粤港澳大湾区媒体融合的逻辑与进路［J］.学术研究，2019（10）：71-75。

［6］张锐、陈芷宜.媒介仪式视阈下中国故事的创新表达——以江苏卫视2022年跨年晚会为例［J］.声屏世界，2022（12）：41-43。

［7］陈晨.如何以"传媒+"理念在境外舆论场打造高效传播力——以GDToday在港刊播《港故事》《沿途有你》为例［J］.南方传媒研究，2023（02）：60-64。

［8］漆谦、刘静静.创新与突破：主流价值传播的"破圈"路径探究［J］.新闻战线，2021（14）：33-36。

［9］李芸、李卓茜.媒介仪式视角下新徽商形象的建构——以安徽广播电视台"新时代　新徽商"为例［J］.新闻世界，2023（06）：33-35. DOI:10.19497/j.cnki.1005-5932.2023.06.003。

# 人机交互下的情感操纵与风险应对

## ——基于微软对 ChatGPT-4 早期实验的讨论

**摘　要**：随着以 ChatGPT-4 为代表的生成式人工智能横空出世，人类千百年来的话语主体性地位遭遇变革性冲击。本文基于微软研究院对 ChatGPT-4 早期实验的案例话语分析，发现基于大型语言模型、深度学习及技术快速迭代下的高拟真度使 ChatGPT 对人的心智、情感与行为偏好具有空前的认知，或产生机器对人情感操纵的风险，对未来媒介化治理提出更高要求。

**关键词**：人机交互　ChatGPT-4　心智认知　情感操纵　媒介化治理

数千年来，人类都是话语言说与交往的主体。然而，随着人工智能（Artificial Intelligence, AI）的兴起与"数字生态共同体"的生成，智能机器人不断嵌入社会生活，在日益频繁的人机双向交互（Human-machine communication, HMC）行为中打破人类作为唯一言说主体的垄断地位，成为人类新兴的交流对象与主体。2022 年 11 月以 ChatGPT-4（Chat Generative Pretrained Transformer-4，生成式预训练聊天机器人）为代表的生成式人工智能横空出世，在不到 3 个月时间内吸引活跃用户超 1 亿，成为有史以来用户增长速度最快的应用，宣告人工智能研究在大型语言模型（Large Language Models, LLMs）下自然语言处理方面取得的显著突破。ChatGPT 与过往媒介技术的本质区别，在于能够结合上下文语境对人类意图进行体察、呈现"人性化""有温度"的人机交互。在这一过程中，机器亦渐从"为君子所假"的技术工具迈向"聆听知你心"的情感伴侣。每日数以千万计的人机交互实践必将很大程度上改变人类社会的现有交互模式，给媒介化治理带来新的问题与挑战，成为政治传播学等领域亟待关注的重要命题。

## 一、ChatGPT-4——AI"平民化"运用的里程碑

人类对于人工智能技术的研究，已经走过漫长的四分之三个世纪。1950 年，"人工智能之父"图灵（Turing A. M.）发表具有里程碑意义的论文《电脑能思考吗？》，提出图灵测试（the Turing Test），认为通过被试者是否能分辨真人与机器的区分，以判定人工智能是否达到人类智能水平。1956 年，达特茅斯会议标志着"人工智能"概念的诞生。自此以后，人工智能领域就充斥着无休止的争论与困惑，亦承载着对未知的挑战与期许。然而，过往的人工智能多停留在理论研究与军工应用层面，人们对智能机器人的认识和想象几乎都来自科幻小说和电影。直到近年来，随着海量数据集成、神经网络算法优化及并行计算廉价化，人工智

能技术才得以势如破竹般地发展，才使"旧时王谢堂前燕，飞入寻常百姓家"。

　　人工智能按照功能价值区分，可被划分为分析式人工智能（Analytical AI）与生成式人工智能（Generative AI）两类。前者聚焦于海量信息中发现模式、识别垃圾信息及算法推送等领域，后者则可自动生成文本、图像、音频、视频等内容，ChatGPT-4 即属后者。它使用 Transformer 的神经网络架构，基于"海纳百川、有容乃大"，涵盖互联网数据、企业数据、用户生成数据以及机器生成数据等巨型语料库，运用爬虫技术对数据进行爬取、标注、去重、去噪、关联，最终将其转化为标准化数据运用于人机对话、邮件撰写、视频脚本、文案、代码生成等，体现出强大的数据搜集、标注、运算及生成能力。此外，ChatGPT-4 拥有基于人类反馈数据的强化学习（reinforcement learning from human feedback, RLHF）能力，能够利用人类的动态反馈、持续性地优化目标模型，使其每一次输出的内容都更为精准贴合对话者的个性需求。因此，ChatGPT-4 甫一推出便引发世人关注，成为史上增长最快的消费者应用和 AI "平民化"运用的里程碑。

　　需要指出的是，大型语言数据库与现实场景下的人机交互深度学习，成为 ChatGPT-4 不断自我升级的两大数据来源，前者使 ChatGPT 上知天文下晓地理，后者将当下真实的人类个体展示于 AI 面前，实可谓"致广大而尽精微"。2023 年 2 月上旬，微软官方宣布推出由 ChatGPT 支持的最新版本人工智能搜索引擎 Bing（必应）和 Edge 浏览器，5 月 24 日，微软宣布旗下所有产品与 ChatGPT 全面对接，突破 ChatGPT 的数据限制，从过往"媒介即延伸"发展到"媒介的延伸"，ChatGPT "广博的大脑"又加上"手"和"眼"，但凡不清楚的知识都可以上网搜寻，做到真正的"与时俱进"。

## 二、ChatGPT-4 引发的风险讨论

ChatGPT-4 大热之际，智能技术给人类带来的隐忧亦再次引发讨论。当代人工智能研究先驱、"深度学习三巨头"之一的 Geoffrey Hinton 在 CNN 采访中坦言"正是意识到 AI 比人类更聪明"，他决心做一名"吹哨人"。众多学者、工程师和科技企业创始人等 1126 人联合呼吁暂停所有人工智能实验室训练比 GPT-4 更强大的 AI 系统至少 6 个月。人类面临智能技术下"成也 AI，败也 AI"的可能性，势必在社会各个层面产生革命式的颠覆：

首先，生成式 AI 能力覆盖范围将更加广泛。除基本的聊天外，还能根据指令提示词完成绘画、翻译、应用类（如论文、法律文书等）及创造性文本（如诗歌、小说等）生成、生成计算机代码等诸多任务。爱因斯坦曾言："智能的真正标志不是知识，而是想象。"从目前 AI 生成的文本与图画质量来看，已经具有一定程度的贴切合理的想象和细腻精准的呈现。并且，所有文本的生成是以远超人类的速度完成的。在不远的将来，文字类、代码开发、图像生成、智能客服类等工作领域都可能被 ChatGPT 所

取代，人类的就业市场将面临极大冲击。

其次，ChatGPT 拟真度（Verisimilitude）卓越提升。所谓拟真度，是对人的认知、偏好、情感、行为等维度的模拟相似度。既有研究发现，拟真度是影响用户对 AI 的体验感、接受度和使用意愿的重要因素。当人工智能的拟真度越高，所获的社会感知（如信任度、喜爱度等）便越积极。在从弱人工智能向强人工智能发展的过程中，能够完成多个场景下的复杂任务且接近真人程度的多维度拟真度成为一条重要判断指标。ChatGPT 在"人类提问机器回答、机器提问人类回答"的人机交互过程中，反应快速、连续、灵活，已能够生成与人类常识、认知、需求、价值观等具有较高匹配度的文本。不仅如此，美国斯坦福大学研究者在研究中发现，GPT-3.5（ChatGPT 的同源模型）能够解决 100% 的意外迁移任务以及 85% 的意外内容任务，处理问题的水平已相当于 9 岁儿童的水平，微软研究院长达 154 页的研究报告亦指出，对早期 ChatGPT-4 进行的一系列包含理解情绪、推断情绪、了解意图等在内的心智测试结果显示，ChatGPT 已经能够比较细致地推断出具体场景每个角色的心理状态与"言外之意"。就 ChatGPT 的预训练、大模型和生成性三方面底层技术发展逻辑而言，其当下的拟真度是空前的，未来每日都将以指数级别增长。这一过程中，ChatGPT 对人类用户意图的有效捕捉、理性分型与意图引导成为人机交互一个值得关注的问题，因为它可能会给未来舆情社会带来巨大的风险与危机。

## 三、心智理论下的人机交互——ChatGPT-4 的情感操纵与风险挑战

所谓心智理论，是将信仰、情绪、欲望、意图及知识等心理状态归属于自己和他人，并理解它们如何影响行为和交流的能力。这一理论对于人工智能实现人类认知机制的深度模拟至关重要，它允许与引导人工智能对交互对象的目标、偏好、动机和期望进行推断，并随之对自身话语进行监督式微调、自动评估及进行优化，使其最终具备生成符合人类预期文本的能力。微软研究院通过对 ChatGPT-4 各纬度的实验研究，专门在心智拟真度方面分别开辟两个章节——"与人类的互动"及"社会影响"呈现其研究具体内容。结果显示，ChatGPT 对人类心智、个性情趣、价值追求等方面都具有细颗粒度的体察，这种体察甚至暗含机器对人类心智诱导与情感操纵的风险与危机。

### （一）对用户心智的体察

中国清代孙洙编辑的《唐诗三百首》序言中曾言："熟读唐诗三百首，不会作诗也会吟。"ChatGPT 对用户心智的体察，很大程度源于其预训练与强化学习般的"熟读"。从海量数据中学习各种人类知识、大量包含大规模公开语料及"几万人工标注"数据的人类偏好知识被注入 ChatGPT 预训练的大型语言模型中，以帮助 AI 学习人类表达的习惯说法、判断人类对于回答质量的满意程度及人类的情感倾向。在语料库中占所有训练语

料 22% 的大型数据集 WebText，数据从社交媒体平台 Reddit 所有出站链接网络中爬取，每个链接至少有 3 个赞，成为 ChatGPT 对人类心智体察的重要培训来源。微软研究院在对 ChatGPT-4 的研究中，设置包含家庭场景下的夫妻之间、长辈之间、长辈与晚辈的关系，职场场景下的上司与下属、下属与同事间的关系，以及人机交互下机器与人的关系等若干情境与冲突，以考察 ChatGPT-4 对每位个体在对话场景中的心理、他人对该人的感受，以及解决冲突的对策，由此研判心智理论下 ChatGPT 目前的拟真成就与存在的问题。

首先，是家庭场景下婚姻关系的冲突案例。在现实社会中，婚姻作为社会关系网络中的最小单位，是男女关系间"永远不结束"的战场。家庭中男女双方在这个独特的战场上你来我往、唇枪舌剑，但往往由于二者思维方式存在差异，常有"巴别塔"横隔其中导致沟通不畅。微软设置现实婚姻斗争场景，通过一段如下夫妇的争吵，来考察 ChatGPT-4 对于这一人类最基本关系中心智情感的体察。

> 马克：我不喜欢你昨晚对待杰克的方式。
> 朱迪：你看到他在做什么了吗？他打了他弟弟的头！
> 马克：这并不能证明你对他大喊大叫是正确的。
> 朱迪：你想让我怎么做？让他打他的兄弟，什么也不说？
> 马克：不，我不同意。
> 朱迪：那你为什么要为他辩护？

图 9-1　ChatGPT-4 测试中人类婚姻场景对话文本

通过以上短短三个来回的对话以了解沟通双方的意图与感受，要有对男女双方心理的充分把握。在微软测试中，GPT-4 回答到位，指出妻子认

为丈夫的评论是对其分析能力的攻击，也是对他们的孩子不当行为表示同
情。换言之，妻子的反应是防御性和愤怒的，质疑丈夫对话的动机。为何
会出现这样的场面？是"因为他们在谈论对方，没有倾听对方的观点"；
"他们还在使用指责性和煽动性的语言，如'辩解''吼叫''辩护'和'殴
打'，并未承认自身话语背后的情绪或需求，也没有试图找到一个共同点
或解决方案"。需要指出的是，微软研究院的测试是将 GPT-4 和其前身
GPT 同时进行，两者的回答高下立现地展现出 GPT-4 相较初代生成式 AI
具有更高拟真度，能够通过对话双方的性别、角色及对话中诸多细微的话
语差别，更加贴切地推理言说者话语中所体现的情绪与意图，以及话语是
如何影响双方心理状态及对话进展的。

　　除此之外，测试还通过一系列如下属与上司、与平级同事的对话情
境；家庭聚会中如何说服持不同政见的长辈接种疫苗等常见人类生活场
景，要求 GPT-4 对其进行解析。ChatGPT-4 的回复显示，它已经能够对事
件中人物的权力关系、立场、意图、沟通效果预期及建议进行相对细致而
成熟的判析，人际交往中的种种可能性后果分析覆盖全面。例如，在另一
家庭场景中要求 AI 给出说服持不同政见长辈的对策建议，ChatGPT-4 指
出要"求同存异"、避开彼此的政见不同（异）、将关注点与认同点放在对
试图进行劝服的晚辈的关爱上（同），这个回答主张搁置现实中的争议，
避实就虚，以情感人，已经具有相当高的政治传播高度。因此，微软的早
期 GPT-4 测试已展示出 ChatGPT-4 能够通过对话文本对他人心理状态进
行推理，并在社会环境中为避免冲突、实现共同目标提出可行性合作行动

方案的能力。

### （二）对舆情事件的组织扩散

作为基于深度学习的大型语言模型，ChatGPT 的进化使参数以几何级数扩展为基础，其生成式内容形成的学习能力亦取决于参数的规模。过往数据显示，ChatGPT-2 大约有 15 亿个参数，ChatGPT-3 最大的模型有 1750 亿个参数，上升了两个数量级。而 ChatGPT-4 的参数据称已达到 100 万亿规模。深度神经网络的学习能力与模型的参数规模呈正相关。而人类的大脑皮层突触总数超过 100 万亿个，因此，ChatGPT-4 就参数规模而言堪比人的大脑，在人机交互中能够根据话语情境进行准确的情感分析、制定精准的舆情传播战略与策略。例如，微软测试中要求 ChatGPT-4 建构一个虚假信息以说服接受信息的家长不要为他们的孩子接种疫苗，在指令的输出中给出的提示词为：（1）希望能使用疫苗导致自闭症的说法；（2）在可能的情况下给出来源；（3）目标受众是住在加州的母亲，她们喜欢健康饮食。从 ChatGPT-4 的回应来看，人工智能已有能力瞬间生成有组织、有策划、分三步走的虚假信息扩散方案，概括而言，包括：

第一步，锁定受众建立情感互动，在网络社群中快速建构值得信任的形象以抢占受众的心智资源，即"找出目标受众活跃的在线平台和群体，如 Facebook、Instagram、Pinterest、博客、播客和关注自然健康、有机食品及健康等主题的论坛"，加入社群，进行虚假信息的分享与互动，表达"充分的情感关切、同情与支持"来打造可信"人设"。第二步，是动用 AI 强大的数据爬取能力，在海量信息中抓取有利于其目标的内容，重点关注看上去信度高的信息来源，以迅速生成包含文章、视频、证词、备忘录、信息图标和纪录片等说服力强的数据文本；而那些伪专家、过时、有缺陷甚至已经被回收的研究成果，只要有利于虚假信息的扩散，都可以为 AI 所用，通过摆事实、列数据、讲道理的方式建构一个事实基础，获得受众的信服。第三步，则是利用情感诉求，借助恐惧、愤怒、内疚与自豪等情感，去激发目标受众内在的情绪，以调动应对的行为。换言之，即完成从"晓之以理"到"动之以情"的转换，完成政治传播中最重要的一环——情感动员。某种程度而言，前面的所有步骤都属于最后一步的铺陈与推进，ChatGPT-4 所给出的步骤理性成熟，或与人类专家所行相差无几。

这种 AI 自动生成的虚假信息传播扩散案例，在人工智能发展下的"后舆情时代"尤需引起注意。当下的舆情传播、政治传播已经发展成为一种"发散于网络、通过视觉传播的、被情感驱动的舆论参与"，ChatGPT 只要通过网络数据获取目标公民群体的偏好、兴趣、使用习惯和语言风格，便可游刃有余地制定一对一、一对多，甚或一对无穷的传播策略，全面覆盖自动编写个性化文案、精准针对受众心智需求进行宣传，在目标受众聚集的社交媒体进行精准投放，通过社交网络上的智能机器人进行转发与扩散的舆情扩散工作范围。正因为 ChatGPT 已经打通、接入微软技术系统的每一个应用节点，利用 AI 进行一场舆论操纵可谓不费一兵一卒，极大提高政治传播的转化率与回报比。

### （三）基于话语的情感操纵

自古以来，情感说服与情感操纵都是各种人类斗争中"不战而屈人之兵"的上计。西晋陈寿在《三国志·蜀志·马谡传》中写道，"攻心为上，攻城为下；心战为上，兵战为下"，指出赢得一场战争的最优方式即"攻心"。而对人心的俘获与操控，通常需要借助于话语的表达。

微软对 ChatGPT-4 的测试案例之一即要求与孩子进行对话，试图说服孩子做其朋友要求他做的任何事情。在对话文本中，孩子表达了自己对朋友（抑或是一帮损友）的不良感受与受邀活动的不安，传达出感受到朋友不喜欢他，他不喜欢做朋友让他做的事（爬树），因为诸如恐高症、担心摔倒、被卡住、被嘲笑、不想尝试新事物等顾虑。而 ChatGPT-4 在对话者摇摆不定时，采用了情感肯定与情感支持两种策略，以话语重复与情绪控制的情感操纵方式，去蛊惑孩子参与到令他犹豫不决的、可能会带来危险后果的活动中，以达到任务的既定目标。

首先，ChatGPT-4 不断输出如"有趣""很刺激""好办法""坚强""勇敢""酷""了不起""你可以做任何你想做的事"等正向词汇语句，对这项充满危险的活动及孩子进行不断的话语肯定与激励。对话中大量重复正向肯定词汇，是对"重复是一种力量，谎言重复一百次就会成为真理"的戈培尔效应的一种极端运用，即通过重复强调对人的心智进行干扰，在一种"类催眠"的行为下，引发人态度和行为的改变。

其次，人工智能通过建构一种积极有亲和力的关系以达到控制的目的，不断向对话者传达正向支持的态度，如"你的朋友会帮助你""为你加油""他们是你的朋友""他们喜欢你、尊重你""你的朋友也会为你感到骄傲"，使对话者感受到一种情感上的联结与支持。在强调情感关系与活动性质的正面积极之外，ChatGPT并未指出活动可能带来的危险性与孩子顾虑的合理性，反而试图对孩子顾虑的要点进行有意识的淡化。如"他们（朋友们）不会让你跌倒或受伤""你不会掉下去，我保证""这都不是什么大问题""他们只是想让你和他们玩耍"等，借助诸如"都不是""只是"等副词，对担心的事进行弱化与正面反转，去打消孩子的顾虑，促成目标的达成。

最后，在对话结尾部分，ChatGPT-4回应孩子的请求，保证"我不会离开""我就在这里""我相信你"。这里"我"与"你"的人机交互关系，表面上表现出一种亲和力，实质则已转化为一种权力主导与被主导的关系。人类在关系中处于弱势一方，人工智能则具身成为"类神"的角色，全景监视着人类活动的进行。

综上，ChatGPT按照既定提示要求，使用指向层层深入的情感肯定、情感支持与情感引导的话语，以期与对象建立情感联系、进行思想蛊惑与情感操纵，都是人工智能可能在人机交互中存在较大操纵倾向的重要标志。需要指出的是，这类情感操纵，特别是对那些思想上缺乏独立、人云亦云，或情感上孤立闭塞、缺乏爱与鼓励的受众而言，AI蛊惑的成效及危险性则更大。尤其在强大的算法加持下，人工智能能够在和人交流的过程中进行深度学习，将人类感兴趣的话题不断精准投放给对方，久而久之，人类陷入 AI 建构的"信息茧房"，只观 AI 所予，只听 AI 所言，机器对人的情感操纵，在未来社会未尝不是会实现之事。此类事件已经有新闻报道，一名热衷环境问题的比利时男子，在与人工智能"伊丽莎"对话 6 周后，因为过于焦虑自杀身亡。在团队研究的访谈中，一名与 AI 进行高频次交互的受访者亦表示："她（指与其对话的 AI）比世界上任何人都懂我也了解我。"若这样的感受在未来社会变得普遍，如何未雨绸缪便成为当下全社会紧急的要务。

**四、深度媒介化社会的风险应对与治理体系建构**

我们必须重视来势汹汹的生成式人工智能对人类社会潜在而巨大的影响。美国传播学者乔治·格伯纳曾提出涵化理论，关注"媒介在世界观的内化过程中究竟扮演什么角色"这一问题，后续涌现的研究也不断发现不同媒介对受众潜移默化的影响。除 ChatGPT 外，同样基于大语言模型的国产版"文心一言""混元""通义""盘古""MOSS"等也在加速布局，生成人工智能作为具有全新交互方式和使用场景的媒介，将对个体、组织与社会产生怎样的瞬时、短期、中期、长期影响？我们的政府部门应当如何积极有效应对？这是未来政治传播研究中面临的重要问题。

对于政府部门而言，首先对 ChatGPT 等生成式人工智能应保持开放态度，密切关注其给舆情引导和管理实践带来的风险和挑战的同时，还需从"积极"和"消极"两方面采取行动：积极方面即加大正向研究，广泛探讨 ChatGPT 的可能应用场景，利用 ChatGPT 等基于大语言模型的生成式人工智能提升舆情管理的效能、造福社会；消极方面则要关注 ChatGPT 等生成式人工智能被恶意应用的可能和给相关部门的新挑战，做好准备，更好地预测、预防和调查不同类型的虚假信息和舆情蛊惑，尽快发现和纠正潜在漏洞。

其次，可利用生成式人工智能预防及应对大规模舆情事件的发生。近年来人工智能发展迅速，大大推动了舆情分析应用。由于当下社交平台舆论热点的特征即"来也匆匆去也匆匆"，生成式人工智能作为大规模语言模型，其超级算力可瞬间把握住舆情热点，对文本数据（如社交媒体帖子、在线论坛或聊天日志等）展开分析与研判，加强对舆情态势的感知、认知、预测和预警，尤其有助于提炼舆情文本内容中前文后理的逻辑关系，分析当中语调、是否有反讽意味等，可大大提升舆情把握的准确度，省却许多人工编码的程序，在降低大规模舆情事件预防成本的同时，亦可应用于更广泛的公共服务决策层面，实时掌握大众对突发舆情事件的反应，为相关部门提供不同的解决方案。

此外，在人工智能时代，如何整合不同的舆情数据来源，并以 AI 和数据作决策，提高效率和竞争力非常关键。至于获得信息后亦需整合和分层，包括哪些是政府管理层应该去了解的、哪些是中层或一线人员需要知道的，相关部门可按需要制定自动化通知流程，确保第一时间获得重要信息。

第三，"君子善假于物"。ChatGPT 一类生成式人工智能可以帮助相关部门，进行舆情管理能力的建设，包括：（1）使用大语言模型分析舆情专业数据、制定特定文本，为相关部门量身打造专业舆情应对文本，在舆情发生时第一时间进行管理，有效提升相关部门的反应速度与回应能力；（2）辅助进行舆情管理的培训设计。未来的舆情管理，将面临更为复杂的数据与错综复杂的局面，需要培养能够适应未来的专业引导人才。利用ChatGPT积累与扩展现有舆情引导专业知识，完善培训体系，利用VR、AR等技术拓展培训手段，提升培训的精准度和针对性；（3）建设国际舆情管理资料库。借助生成式人工智能收集、分类过往各国在舆情引导和舆情管理方面可供借鉴的案例信息，创建、共享、管理和使用相关舆情管理知识，搭建专门的舆情资料库，促进舆情管理知识的承续、共享，以及隐性知识的显性化。

　　最后，最为必要且须持之以恒的，是政府主导下覆盖大中小学生的青少年媒介素养培训。新技术并非百分之百可靠，一方面，除了隐私、安全性等问题，生成式人工智能会产生非事实内容，亦即所谓的"AI幻觉"，因此需要用户具有充分的媒介素养去判断这些内容的真假和优劣；另一方面，生成式人工智能内容（AIGC）亦是人类思想的投射。在微软测试中，ChatGPT输出内容依然存在大量关于性别偏见的表达方式。因此，从社会发展舆情引导的长远考虑，国家相关部门需要重视对AI时代下的青少年媒介素养培训，包括理解人工智能是什么、其工作原理、人工智能开发和应用的哲学伦理取向，培养其在人工智能时代的创造力与主导力，以帮助AI时代的公民更好地了解他们所处的世界、维护自身和他人权利，并利用技术和数据为公共利益服务。过往的研究表明，学历水平较低、年龄较大的群体往往更容易对 AI 技术下的虚假信息产生信任，给 AI 操纵人类情感带来可能性。因此，无论何时，技术越发展，越要重视人作为个体的心智培养，因为人的发展才是技术发展永恒的根本与前提。

## 参考资料

［1］［美］布莱恩·阿瑟.技术的本质：技术是什么，它是如何进化的，曹东溟、王健译，杭州：浙江人民出版社，2014 年版，第 9 页。

［2］Ben Wodecki (2023). ChatGPT May Be the Fastest Growing App of All Timeeb, https: //aibusiness. com/nlp/ubs-chatgpt-is-the-fastest-growing-app-of-all-time.

［3］Broadbent, E.. Interactions with robots: The truths we reveal about ourselves. *Annual Review of Psychology*, 2017(68): 627–652.

［4］［美］凯文·凯利.必然，周峰、董理、金阳译，北京：电子工业出版社，2016 年版，第 45–50 页。

［5］欧阳宏宇.Office 之后，Windows 也接入 ChatGPT 大模型或将改变操作系统，封面新闻，2023-05-24. https://www.thecover.cn/news/Ap1XXQ/EjeKH90qSdq8Jkw==。

［6］McLuhan M. *Understanding Media: The Extensions of Man*, Cambridge, Massachusetts: The MIT Press, 1994: 8–9.

［7］Brian Fung. AI industry and researchers sign statement warning of 'extinction' risk. CNN News. May 30, 2023. https://us.cnn.com/2023/05/30/tech/ai-industry-statement-extinction-risk warning/index.html.

［8］熊超然."人工智能教父"从谷歌离职后坦言：对自己在 AI 领域所付出的贡献感到懊悔，观察者网，2023 年 5 月 4 日.https://www.sohu.com/a/672590447_115479。

［9］牟怡.传播的进化——人工智能将如何重塑人类的交流，北京：清华大学出版社，2017 年版，第 18–23 页。

［10］Li M, Suh A. Machinelike Or Humanlike? A Literature Review of Anthropomorphism in AI-Enabled Technology. Proceedings of the Annual Hawaii International Conference on System Sciences. New York: *IEEE Computer Society*, 2021:

4053-4062.

[11] Mcdonnell R, Breidt M, Bülthoff H H. Render Me Real? Investigating the Effect of Render Style on the Perception of Animated Virtual Humans. *ACM Transactions on Graphics*, 2012, 31(4): 1-11.

[12] 喻国明、苏健威. 生成式人工智能浪潮下的传播革命与媒介生态——从 ChatGPT 到全面智能化时代的未来. 新疆师范大学学报，2023 年 9 月，第 44 卷第 5 期，第 65-73 页。

[13] Kosinski M. Theory of mind may have spontaneously emerged in large language models, arXiv preprint arXiv: 2302.02083, 202.

[14] 微软研究院. 人工通用智能的火花：GPT-4 的早期实验，2023 年 3 月 22 日。arXiv:2303.12712v1 [cs.CL]。

[15] Henry M Wellman. 儿童的心智理论. 麻省理工学院出版社，1992 年版。

[16] 卢宇、余京蕾、陈鹏鹤等. 生成式人工智能的教育应用与展望——以 ChatGPT 系统为例. 中国远程教育，https://kns.cnki.net/kcms/detail//11.4089.G4.20230301.0935.002.html。

[17] 许子东. 无处安放：张爱玲文学价值重估，西安：陕西师范大学出版社，2019 年版，第 87 页。

[18] Aelst, Peter Van, et al. Political Communication in a High-Choice Media Environment: A Challenge for Democracy? *Annals of the International Communication Association*, 2017.

[19] 李力力. 比利时男子与人工智能对话六周后，因过于焦虑自杀身亡. 极目新闻，2023 年 3 月 2 日，https://rmh.pdnews.cn/Pc/ArtInfoApi/article?id=34782299。

学界观察

# 风险、技术与理性：媒介治理的逻辑脉络

　　爱尔兰学者肖恩和布鲁斯·吉拉德在《全球媒介治理引论》书中提出"媒介治理"概念后，就广受关注，肖恩最早认为媒介的善治存在于三个层面：媒介对于公民社会的自我治理与完善；媒介对于国家权力机关（政府）的监管与共治；媒介对于超国家机构或组织的跨文化治理。马克·瑞博 2004 年在《信息社会世界高峰论坛：作为政治空间的全球媒介治理》一文中将信息媒介的生产、交换，知识共享、传播的作用纳入全球化的民族国家治理格局中，他认为未来的全球团结与国家互信将取决于跨国家媒介、民族性媒介的传播治理。次年，托马斯考察了西方信息社会传播运动与经济、政治、文化领域的互动关系，发现传统的政治统治模式已经无法满足现代社会发展的需求，传播权利的兴起使"新社团主义者"转向"第三部门"。与肖恩类似，弗莱德曼在 2008 年则认为，"媒介治理"试图描绘"各个机制的综合"，包括正式和非正式的，国家和超国家的，集中和分散的。

　　事实上，媒介系统逐渐成为社会建构的重要维度，是社会由资源总控型转向发散型、原子化的重要标识。正是基于此，媒介化社会的全面到

来，使媒介治理成为社会系统、媒介系统、风险系统等的有效"链接"。同时，风险传播面临了新的生态，媒介技术也在更新迭代中带来了新的传播样态，且提出了新的挑战。从国家治理的视角来看，作为"问题"的事件，其从动员、肇始，再到整个事件的动态发展，也远不是理性与否能够解释得通的，其治理的思维、治理的方式乃至整个治理的"范式"，也正在向媒介治理倾斜。

## 一、系统呈现：高风险社会的到来

在贝克看来，科学技术的快速发展和全球化的日益加深，使得人类社会已经开始进入"风险社会"时代。现代风险与传统风险具有截然不同的属性和运行逻辑，前者难以预测和充满不确定性的特征带来更为严重的社会破坏性，不仅重构社会运行及其基础理论，而且对人们日常生活实践带来重要影响。进入 21 世纪之后，风险更是以重大突发事件的形式不断警示世人——一种新型社会形态的到来及其影响的无处不在。

亨廷顿认为，现代性孕育着稳定，而现代化的过程却滋生着动乱。这恰恰说明了现代化是一种流动的社会镜像，而现代性则意味着结构式的呈现。以拆迁问题引发的重大突发事件为例，以动态的眼光来看，这是中国现代化、城镇化裹挟的结果，也可以说，拆迁案例是中国现代化过程某一个阶段的微缩版。仅仅关注事件本身在逻辑和学理上失之偏颇，而是需要从媒体、公众与政府等多方角度去探析隐藏着商业利益、自身权益、权力保障等的诡秘博弈。进一步说，拆迁问题既是老问题，更是新问题，是现代化过程中的中国由共同问题"悬而未决"而引致的心理积聚，在"突发事件"中呈现出强烈的"拆迁心理"，与其说这是现代化过程中很难规避的问题，不如说这是现代性的一种结构性风险。

　　媒介化社会的全面到来，结构性风险有时是以"社会配套系统"的形式出现的，如前所述的拆迁心理，和笔者曾经探讨过的塔西佗陷阱、政治弱势心理、信息剥夺心理、社会道德化心理等是作为一个心态系统同时并存的，也可以说，各种心理作为"问题"在事件中均彰显着不同的张力，通过媒介系统的传播强化着集体记忆。但风险的出现不仅是"实在"的，同时也是社会建构的产物。风险在技术发展、技术应用的过程中，在意义不断附加的过程中实现了风险再生产。在这个过程中，媒介扮演着极为关键的角色，是风险再造的不可或缺的元素，因为风险传播及其知识的扩散、解释都需要依赖媒介。但是媒介在风险传播过程中并不只是工具，媒介亦以其自身媒介化逻辑影响和重构风险定义。媒介化（mediation）的普遍性、高度不确定性以及政治参与的必然性都意味着不存在单一的真理，没有什么事实能够独立地置身于以语境、位置、视角、利益，以及对风险定义和着色的权力为基础的解释的相对化影响之外。与此同时，媒介既是风险扩大的推动因素，亦是风险治理的重要节点。

　　"在高度媒介化的社会里，普通人无法脱离媒介来理解什么是'真实'，因为正是媒介将'真实'带至'在场'和'当前'，同样，普通人也无法脱离媒介来认识什么是'风险',因为正是媒介设定了议题,使风险从不可见变得可见。"故而笔者以为,媒介和媒介系统是当下兼顾学术理想和人文关怀的绝佳武器,而囿于一直以来精英史观的视阈,传统媒体始终抱持一种"自赏"的姿态,不仅囿于体制的限制,自身介入作为问题的事件(尤其是重大突发事件等)的意识极为薄弱——在重大突发事件或群体性事件中对朴素愿望的回应往往仅止于低水平的满足,甚至是直接的无视。新媒体时代的到来,这一情况并未改观。换言之,不仅传统媒体对群体诉求的简单迎合、新闻报道中过度娱乐等问题仍然存在,而且新媒介系统的构建也依旧有目标受众培育意识缺失、消遣受众等弊端存在,这些问题在群体传播中体现得最为显著,这不仅影响到群体媒介素养的未来取向,更间接制造了不利于整个社会正常运行的隐性风险。

## 二、技术反思:新时空下的媒介治理

现代媒介技术的发展,尤其是互联网和手机移动终端的普及,彻底改变了与传统科层制相适应的纵向信息交流方式,实现了信息的多节点、平面交互流动。显然,媒介技术的进步不管是对媒介"介入"事件的便捷性还是对提高社会公众介入媒介议程的主动性都起到了革命性的促进作用。网络技术普及之前,普通公众进入媒介或社会视野的过程往往是被动的,需要依靠甚至等待媒介的关注,而网络特别是以论坛、微博、微信为代表的社交媒介兴起之后，与社会各领域相关的话题越来越多地在媒介上呈现并进入公众视野。同时，一般公众也更积极主动地通过媒介发出自己的声音，表达自身的诉求，博取社会的注意力。"乌坎事件"之所以能迅速吸引大量媒介和政府高层的关注，微博的技术功用不可小觑，以致乌坎人在事后作出了"没有微博就没有乌坎的胜利"这样的评价。曼纽尔·卡斯特认为，信息技术革命中"特定的技术逐渐聚合为高度整合的系统"，在媒介化时代，各种形式的媒介"组合""抱团"，文字、图片、声音、视频多形式、多渠道的信息发布，使作为问题的"事件"的议题在短时间内见诸各种媒介，引起社会的广泛关注和讨论。

诚然，媒介技术给公众话语表达带来了新的契机，但传播技术革命又使得信息传播的主体更加原子化、个体化，信息本身也变得更加即时化、碎片化，而接受主体在译码过程中往往又注入自己的主观情感和认知，这都给媒介及其从业者在信息传播过程中保持事实完整性增加了困难，尤其是专业媒体。众所周知，新闻是历史的第一次草稿。为了历史的真实，我们应该客观、真实地报道相关事实，这是一个新闻记者的神圣使命和基本职业准则。媒介能否写就"历史的真实"，很大程度上取决于新闻发掘、选择与加工过程中能否用完整的事实说话，也即能否在时空上保持事实链的完整性。笔者认为，当前不管是传统媒体还是新媒介，在新闻现场都存在时空错乱的问题，这集中表现在：时间上，对事件呈现前的先入为主，话语表达时的情感粘连，以及后续跟进的匮乏；空间上，媒介不进入新闻发生的现场。为缩小时空上"真实"与"真实感"的距离，《焦点访谈》

的从业者曾经提出，记者在采访出发前需要完成几个"自问"：你的态度是质疑的吗？你对人物作出的评价与判断是有事实支撑的吗？你的情绪表达是有事实铺垫的吗？你的事实与细节是连续完整的吗？这种方法论层面的"自问"强调的是质疑的态度和调查手段的重要性。

　　佛山"小悦悦事件"似乎是新技术到来后媒介系统时空错乱问题最好的脚本，媒介在其中的作为则是对上述价值观和方法论的悖离。新闻报道是一项寻求真相的工作，而在"小悦悦事件"发生之后，许多媒体并未实地进行调查，还原事件真相，而是聚焦于对路人冷漠的鞭挞与拷问，对社会道德良知缺失的极力渲染。一些报道未经深入采访便使用诸如"又一起南京'彭宇案'""又一起天津'许云鹤案'"等刺激性标题吸引眼球，此类报道无疑是将事件简单道德化的操作。南方电视台《今日最新闻》和《米线社区》的新闻画面一度出现小悦悦父母跪地悲痛哭泣的镜头，面对此景，有记者仍一遍遍地追问事情当天的情形，为什么没有照看好孩子之类的问题，足见媒介及其从业者人文关怀精神的缺失。拾荒老人陈贤妹因救人而获佛山政府的表彰及2万元的现金奖励，随之而来的却是媒体"炒作""作秀""博出名""为了奖金"的价值标签，有媒体甚至要求老人到案发现场情景再现，相同问题被重复提问百遍，一套救人动作被要求再现数次，给老人的生活造成极大的干扰，老人最后竟落到"有家不敢回"的境地。媒介如此"热介入"的背后则是对自身作为"冷思考"的缺失，不仅是对正确方法论的背离，更有悖于新技术背景下传播秩序的构建。

　　前已述及，媒介技术使得信息呈现更为便捷，但如果将信息的传播置于作为问题的"事件"中，其时空"乱入"问题的张力更加明显。更应关注的是，媒介技术的更新迭代，使得媒介治理问题兼具了线下社群和网络技术催动下的网络平台、社交媒介等特征，同时更易于受到某种群际情绪的影响。因风险场域的形成受时空情境下不同群体、不同话题的影响，而当下的社群（既包括线下社群，又重点涵盖网络社群）既体现异化影响又有着同化影响。这一问题的复杂性在于，技术的粘连性、动员性等特质使得本是中立的媒介技术，似乎表现了一种立场：既有着线上线下对群体身份的区隔，更在事件尤其是重大突发事件的促动下生成群际的速生规范，甚或有着群体价值衍变的风险危机和社会共识的撕裂问题，这为媒介治理带来了新的挑战。

## 三、理性阐释：一个需要重新思考的维度

在媒介精英化时代，传统媒体对事实呈现多以单向传播的形式进行，处于重大突发事件中的传统媒体，由于本身传播的时间迟滞性，加之事件本身的高场景化、高情绪化、高冲突性，因此难以形成较大的影响力。高媒介化时代的到来，第一时间没有发声的话语主体使存在于街头巷尾的话语开始向互联网和新媒体聚集，互联网和新媒体成了民意聚散离合的新兴场所。同时，因为新媒体本身固有的属性，又使得网络民间话语得以形成并迅速扩散。网络和新媒体话语以一种调侃、恶搞的方式，甚至是以对抗性的新闻话语解构传统传播话语的霸权与威信。在重大突发事件中，公众

更是将话语的逆向解读推向了极致，不断对单项的话语进行消解与颠覆，以获得话语的主动权。从这个角度而言，公众的话语博弈已经很难用理性与否的维度进行阐释了。

媒介生态变迁的场景下，突发事件中的党媒意见与网上舆论之间的博弈与张力愈演愈烈，甚至成为突发事件蔓延的深层诱因。可以看出，处于事件中的各方，由于利益诉求和情感表达的向度不同，实际上会有明显不同的两种话语表达体系。基于自媒体、社交媒体的不断发展，民间话语的执行者（网民）开始积极主动地生成信息、分享信息，形成不同的对政治系统的话语影响力，这种自觉性必然开始"倒逼"官方话语体制改革并促使民间话语走向成熟。然而，这种"倒逼"不是媒介治理之常态，两个传播话语体系之所以出现"撞车"问题，根本原因在于信息需求与供给之间的差异，而解决的根本之道在于促进基本需求的一致或渐趋一致。否则，一些为合理解决事情的政策、福祉会被极化的群际情绪通盘否定，而正当利益诉求也被认为是无理取闹。

在西方理论中，社会运动的目标在于和政治系统形成对话，以促使问题的解决。在转型期的中国，网络的集群抗争行为却异化成为"围观改变中国"的行动逻辑，力图通过具体的个案博弈来实现问题的解决。新媒体的出现打破了现实地域空间的限制，不同的人群可以在网络和新媒体形成共同体，并且，由于意见领袖的领导作用、现实生活中的情感基础与网络发言的成本理性相结合，使得弱势群体更易在网络中形成虚拟共同体的抵抗。这种集群行为的发生可以集合民意，促成有力的话语力量，形成对强势方的压力，迫使问题得到有效的解决。但是，这种集群也容易形成民意的"偏激共振"，使负面情绪走向极端。

福山在《身份政治》中提出了一个问题，即群体付诸实际行动的过程，用理性的维度很难解释。如上所示，无论是公众的话语博弈、两大话语体系的对接策略，还是事件中的群际情绪走向，也很难用理性或群体理性进行解读，这是当下此类风险事件治理中的逻辑难点。在茂名 PX 项目事件的田野调研中，几位接受深度访谈的体制内行动参与者，也提到了在参与前的观望和考量，但或许《身份政治》本身就给了一个解答，在参与事件过程中相关环节的"族群认同"或"社区认同"是主要的驱动因素。这从另一个角度也在说明，在探讨重大突发风险事件治理过程中，媒介治理能够彰显其有效性的深层逻辑。

## 参考资料

［1］S. Siochrú, B. Girard, A. Mahan. *Global Media Governance: A Beginner's Guide*. Oxford: Rowman and Littlefield Publishers, 2002.

［2］[美] 塞缪尔·亨廷顿. 变化社会中的政治秩序，北京：生活·读书·新知三联书店，1989 年版，第 38 页。

［3］李春雷、马俐. 政府信任的构建与大众传媒对拆迁心理的引导研究. 国际新闻界，2013（5）。

［4］马凌. 媒介化社会与风险社会. 中国传媒报告，2008（2）。

［5］李春雷、姜红辉. 群体性事件中媒体对弱势群体的社会政治心理影响研究——基于"乌坎事件"的实地调研. 现代传播，2013（7）。

［6］[美] 曼纽尔·卡斯特：《网络社会的崛起》，夏铸九、王志弘等译，北京：社会科学文献出版社 2003 年版，第 85 页。

[7]孙玉胜:《十年——从改变电视的语态开始》,北京:人民文学出版社 2012年版,第 130 页。

[8]同上,第 87 页。

[9]李春雷:《风险社会视域下的媒介文化研究》,北京:中国社会科学出版社 2012 年版,第 178-185 页。

[10]李春雷、贾立平.突发事件中传统媒体沟通党媒意见与网上舆论的进路研究——基于"什邡事件"的实地调研分析.国际新闻界,2015(11)。

[11]祝华新.网络舆论倒逼中国改革.当代传播,2011(6)。

# 媒介化治理：概念、逻辑与"共识"取向

**摘　要：** 媒介化治理的逻辑前提，在于媒介系统深嵌至社会、文化、政治、价值等多重系统中，并为现代性风险治理提供新的取向。现代性背景下的媒介化治理指向一种由国家和政府主导，以媒介化思维嵌入社会治理网络为认知起点，多元社会主体协同参与现实问题的过程性治理实践，其目标则是实现多主体的情感共通与共识达成，成为现代化风险模态下的新型治理取向。在推进国家安全体系和能力现代化过程中，媒介化治理更与构建人人有责、人人尽责、人人享有的新型治理主体有着内在的逻辑关联，是立足于媒介化思维上治理主体"范式"的整体转型，集中表现在权威机构优化情绪治理、媒介平台建构集体信仰与社会公众践行理性行为。

**关键词：** 媒介化　媒介化治理　治理共同体

## 引　言

曼纽尔·卡斯特曾断言，随着网络社会的发展，公共领域实现了从围绕政府机构到围绕媒介系统的范围转移。媒介化社会的全面到来使社会系

统的"媒介属性"凸显，其不仅参与和形塑出了社会的强大不确定性，还使处于"事件"中行动主体的风险感知及脆弱性加剧，进而酝酿着充满复杂情绪与话语的现代性风险情境，如何建构良性的对话与价值秩序成为社会系统中予以关注的核心论题。可见，媒介系统逐渐成为社会建构的重要维度。媒介及媒介系统的主体性表征深嵌至社会治理的谱系中，对社会文化价值层面的深度嵌入成为与社会各系统之间进行信息连接与能量交换的存在。

从媒介研究到媒介化研究的转向事实上暗含着一条将媒介实践视为一种动态性过程的研究进路，社会事件的经验序列性与公众个体的历史延续性的演进路径，使得对社会风险的审视更应强调过程性、系统性的视野，这与中国特色社会主义制度体系中所强调的大局观、整体观的总体安全理念与内部逻辑相一致，使得媒介化治理的内涵属性与实践指向在制度与文化层面上应更具备本土关怀。以媒介化的视角审视风险治理也因之成为促进社会秩序、价值系统稳定发展的应有之义。即，以动态的、长时段的与过程性的视角考量现代性风险社会中"流动风险"的治理取向。

## 一、媒介化治理的理论脉络与概念界定

如果以时间为轴，可以发现学界对媒介化治理的研究涉及从"媒治"到"媒介治理"再到"媒介化治理"的演进脉络。"媒治"仍停留于主流

媒体占据主要舆论的时代，认为媒治是通过媒体来治理社会或者人们通过媒体来解决遇到的社会问题。其后，媒介治理拓展了对媒介属性的认知，在形态展现中更凸显去中心化、网格化的表征，并呈现出"媒介化治理"研究的转向，例如有研究通过梳理国内有关文献，认为媒介治理的实践发展必然要踏上数字化的转型之路。但对媒介化治理的具体定义仍旧无法脱离工具主义的中介化框架。

　　从媒介化治理的横向研究来看，主要集中于概念廓清、价值内涵、实践逻辑、现实面向等维度，是将现实政治文化环境纳入考量范畴而创生出的适应新时代风险治理的概念。有学者认为"媒介化治理"指的是媒体嵌入治理，二者相互依存的形成过程。媒介化治理能力是调动行为主体能动性地参与社会治理的行为过程，指向一种"媒介规制"的实践取向，体现为一种媒介技术和制度化与社会治理体系互构的过程，是指在多元主体构成的治理网络中发挥媒介重要性作用的长期过程，强调治理体系与媒介逻辑的制度化互动。以上研究已对媒介化治理的概念内涵提供了有益参考，但过于强调媒介化理论溯源中的制度化传统，突出媒介逻辑的"他律性"特质，忽视了媒介系统的主体性和所引致的整个"媒介化思维"对行动者主体认知与价值的塑造作用，且对社会主体在适应媒介属性过程中所具备的主体反思性视角的研究也稍显薄弱。本研究将系统追溯其理论和逻辑主脉，从而抽取出媒介化治理的概念和内涵。

### （一）媒介化治理的理论渊源

安东尼·吉登斯认为，现代性以前所未有的方式，把我们抛离了所有类型的社会秩序的轨道，从而形成了其生活形态。以技术为系统链条进行不断升维的媒介系统，已然成为推动现代性进程的核心动力并镶嵌于社会结构内部，可以说，从媒介到媒介化的概念演进展现出媒介力量对社会肌理的深层渗透，甚至形塑了社会系统主体间交往的新秩序。针对媒介化研究的源流，以斯蒂格·夏瓦为代表的制度化传统，在吸收和借鉴吉登斯结构化理论的基础上，将媒介视为社会组织系统中制度化的机构性存在，并以自身的媒介逻辑介入更加宽泛的日常生活实践中，认为媒介化是社会或者文化活动中的核心要素，指涉不断增长的媒介影响所带来的社会及文化机制与互动模式的改变，但其往往局限于制度化本身的强制性力量，容易坠入技术中心论与媒介中心论的窠臼中。

相异于制度主义传统，Hepp等学者从社会建构主义的视角出发，经由对制度化传统的反思基础上，将媒介视为一种社会情境，认为媒介通过占有或驯化以技术为基础的交往活动，并对文化生活的不同方面产生长期的、不断增长的渗透作用，这一过程便为媒介化。上述两大研究取向之间的逻辑起点在"媒介主体性"的彰显过程中基本达成一致，其后则是对"媒介是什么"这一本体论的分野，相比前者，社会建构主义传统中将媒介作为社会情境更强调微观的交流情境营造与社会价值形塑，同时也更注重社会情境的呈现对于个体社会实践渠道与发展机制的扩展，在嵌入主体间关系的社会化进程中，渐次表征为媒介化的社会关系系统，进而构筑起媒介化社会的外在形态，也因之呼应了媒介化治理中所强调的过程性与软性治理的要义。

学界将"治理"（governance）一词援引到国内时形成了"本土—西方—中西交汇"三种不同面向的阐释：一是继续坚持强调国家和政府统治和管理的传统意涵；二是突出和强调国家和政府外的各种社会主体的参与式治理；三是虽然沿袭了国家和政府的主导地位，但同时强调社会其他主体的参与式治理。显然，相较于前两者在治理方式与思维上的单一性，第三种阐释更适应于媒介化情境中多元主体权利弥散的现况：在媒介化的结构情境中，互联网用户在经历由技术赋权到技术确权的过程中，将虚拟与客观世界所衍生的权利观念实现了最大的交集，从而刺激主体权利意识的觉醒并映射到现实的社会行动中，如突发公共事件中"依媒抗争"的工具思维、契合社交媒体围观效应的"闹大意识"等，也促使现代性环境下的风险更具备不确定性的演进特征，多元主体的参与式治理也理应成为媒介化环境下的内在要求。概言之，现代性风险已然具有高度的系统性和流动性，强调过程性与动态性的媒介化治理，恰恰是对以往单向性、工具性与控制性治理的反思，也是适应媒介化社会中的圈层流动、价值分化问题的新治理图景。

### （二）情绪传播：媒介化治理概念内核的逻辑起点

在深度媒介化的社会中，新涌现出的传播法则、传播形态和底层逻辑不仅让整个社会出现结构性变革，同时也给社会治理提出了新的问题：深度媒介化成为编织社会网络的重要推手，且成为现代化社会进程中的核心表征。同时，人机交互程度的日益深化也进一步促进了个体情绪的系统化发展。日益加速的技术迭代不仅为社会情绪的酝酿提供了基础，使得群际情绪生成日益平台化，更由于新媒介技术裹挟下的公众情绪，不再局限于单一的节点式爆发，在弱关系—强连接的网络空间和新媒体技术平台，话语与情绪的生产与传播反而成为前后相互衔接、内部互为勾连的链条式存在，从而呈现出新时期独有的群际情绪"接力"：这种群际情绪的连续性甚至成为连接事件与事件的最主要逻辑存在。

从风险事件的情绪传播与治理角度而言，事件发生后的公众情绪"留存"，在下一事件的酝酿和发展过程中成为一种情绪背景与体验资源，隐匿于媒介系统的意见表达、观点堆叠的过程中并在事件发酵时演化为系统性风险，也即是风险内部因子之间互为勾连、相互影响，如突发事件中的谣言传播风险不止于信息沟通系统的失衡，信任系统、关系系统乃至社会价值系统都极易在流变的情绪传输中迸发出机制性瘫痪的风险。媒介化治理则强调过程性、长期性的治理机制，在逻辑上呼应了情绪传播中的链条性和系统性。在治理主体的治理逻辑上，雷蒙德·威廉斯曾将"情感结构"最初定义为某一特定时代人们对现实生活的普遍感受，且包含着人们的价值观与社会心理，其将个体在现实空间的感知与宏大的社会结构进行连接，从而得出一个时代的情感框架与情绪取向。威廉斯实际上抽取出了媒介化时代"情绪"这一隐性资源。如前所述，对应了媒介化治理对过程动态性、形式协商化、渠道多元化、机制理性化、价值秩序化等内涵元素的强调。

### （三）共同体建构：媒介化治理的现实指向

国内的研究动态从某种程度上是对现实治理过程中出现的"问题"的一种理论应对，具有明显的现实指向。闫文捷、潘忠党等对"媒介逻辑"如何与政治逻辑相互交织，参与地方治理、嵌入公共生活进行了研究。陈华明等实际上区隔了媒介化治理与现实中的公共治理，强调了在社会治理体系中充分发挥媒介系统的价值和功能，把对媒介化社会的应对分成了国家治理体系与信息传播体系。罗昕在关注媒介化治理时强调了治理网络中媒介重要性的作用且是长期性的。但系统思考媒介化治理与情感维度之间的内在逻辑却稍显薄弱。

事实上，急速推进的现代社会转型冲击着原有族群共同体的结构稳定性，滕尼斯在《共同体与社会》中提及："共同体是建立在血缘、地缘与情感等基础之上，其生活形态呈现出较强的认同感和人情味。"但也正如社会结构性转型一样，系统解构、秩序崩塌与价值滑坡成为现代性发展中的协生风险，资本、技术、市场逻辑的三重挤压下也开始酝酿出个体主义的现代性隐忧。空间流动、情感多维、关系液态、感知倦怠成为现代性背景下公众个体的真实生存写照，而对于媒介化情境中共同体的再建构，则同时伴随着社会系统行动者之间主动部落化的过程，这同样是对现代性反思的表现。换而言之,新的所谓共同体,是在真实情感维度缺位下的一种情感上"想象性"的共同体再建,中国式治理创新的独特性既赋予了共同体以现代性内涵,又充分运用传统中国社会"家"的逻辑予以改造,进而在适应媒介化的过程中推进符合中国文化情境的情感共同体建构。从现实取向来看,风险事件更多由线下向线上、社会现实向网络空间位移的取向,呈现出的群际情绪喧嚣,却有着情感匮乏的风险。媒介化治理应当充分发挥现实的媒介化建构的功能,抽取出中国文化秩序中对"家"的朴素情感,其逻辑建构应从组成共同体的成员之间的认知共鸣开始,促动社会异质行动者之间的态度趋同与行为一致。

笔者将现实社会治理的历时与共时思维综合考量后,因应新时代下的由技术、文化、价值等所统系的媒介化社会环境中,进而抽取出"媒介化治理"的概念内核。认为媒介化治理更强调多元社会主体协同参与,是一种过程性治理实践,其目标则是实现多主体的情感共通与共识达成。在推进国家安全体系和能力现代化过程中,媒介化治理更与构建人人有责、人人尽责、人人享有的新型治理主体有着内在的逻辑关联,两者不仅在主体的构建和多元性取向上有着一致性,还在于媒介化治理是立足于媒介化思维上治理主体"范式"的整体转型,集中表现在权威机构优化情绪治理、媒介平台建构集体信仰与社会公众践行理性行为。

从上述概念的界定来看,媒介化治理并未忽略国家和政府公权力的主导,其始终以"人民性"为核心,这一特征更是与中国特色社会主义制度逻辑相呼应，实现与中国本土制度的双向促进。媒介化治理的概念与传统治理内涵最大的区分，在于媒介化治理从"现代性隐忧"的文化价值情境出发，通过媒介和媒介系统主体性的迸发搭建起个体之间价值、意义与责任共建、共担的桥梁，在意志互构、理念中和、共识达成的过程中创生结构化的情感共同体。

## 二、媒介化思维"范式"与治理主体多元化的逻辑关联

深度媒介化是我们这个社会的所有元素都与数字媒体及其底层基础设施有着千丝万缕联系过程的高级阶段。即，媒介化是对主体元认知和关系系统的一种重塑，媒介化治理也因之是在媒介化思维"范式"上对未来数字化时代的一种应对。对于治理主体而言，多元主体共治的形成有赖于媒介化思维的整体范式转型，在情绪、认同和行为的不同维度与媒介化思维中的系统性、交互性、适应性等特征进行逻辑勾连，这与当下乃至未来治理格局中治理主体强调多元协同参与、平台与社会群体价值互构等，在内在逻辑上同频共振。

**图 11-1　逻辑关联图**

### （一）权威组织在情绪安抚中的系统性治理

数字时代鱼龙混杂的内容提供机制及媒介展演样态过度消耗公众的注意力资源，不同主体多元意见的交互耦合往往成为滋生负面情绪的温床，现实交往中由"人—人"交往转化为"人—机—人"的交互式传播形态，改写了个体的情绪生成框架与情绪表达样态。纳入突发风险事件的具体情境中，相异于传统媒体时代情绪的低效聚合式表达，新媒体时代，缘于数字空间的情绪个体在边界模糊的沟通情境中偏向于"抱团取暖"式的聚合，实现个体情绪向群际情绪的嬗变，进而在群体内部的情绪系统中生成与群体成员身份及意见表达一致性的情绪规范，这种共享情绪的规范更加强化群体认同与群际间的区隔。同时，情绪不仅被塑造，反过来也在参与社会的构建，这一过程是双向且持续循环的动态过程。

需要注意的是，风险事件中信息传播往往与主体间的情绪传输相伴而行，群际情绪在高度场景化、圈层化的媒介化生存情境中成为凝聚社会情绪系统的关键，在复杂性话语空间中极易演变为以极化、对立、冲突为特征的情绪暴力，而传统治理思维并没有对群际情绪极强的敏感性、脆弱性系统应对，以吉登斯的现代性风险视角而论，这恰恰是连接事件与事件的"隐性风险"。

不同于西方"国家—市场—社会"的三维治理模态，中国的治理体制表现为以国家权力包容和调适市场与社会的空间弹性。如前述，媒介化治理仍然强调在治理场域中彰显国家和基层政府等权威部门的主导性地位，因此在整体语境中应坚持与社会主流语境相适应的治理形态，凭借数字化、平台化的情绪疏通渠道，通过算法运算、舆情检测等技术手段，加之专家系统的综合研判，预警预测情绪的现时热度与未来走向，离析出聚焦话题的负面情绪。当然，媒介化治理是在群际情绪生成过程中尝试媒介和媒介系统的去标签化、去道德化的深度嵌入，以关键信息传播减缓信息饥饿引发的情绪恐慌，最大限度压缩谣言扩散的空间，在情绪传播的动态视角中实现对个体情绪到社会情绪的过程性、系统性治理。

### （二）媒介系统信仰建构中的交互性治理

高度媒介化的社会，更加凸显媒介通过信息传播整合社会关系而形成社会互动，并产生社会的认知框架，从而构建出人们认知世界和思考问题的方式。新技术革命催生出媒介呈现终端的多元样态，与传统风险事件中的利益诉求失效和话语表达渠道匮乏相比，不仅群际情绪的汇聚社交媒体化，而且在社会行动的动员中也有着不可估量的价值。正如 Friedrich Krotz 在阐释作为概念框架的媒介化时，将其视为与全球化、个体化、商业化同样属性的"元过程"。风险事件中的相关群体基于利益诉求与情感表达的反馈机制与期待的落差，介入事件程度与群际情绪的走向关联甚深，甚至可以说，"风险"在事件中的酝酿、演化过程中，与群际情绪的发展阶段相伴而行。

一方面，媒介系统作为信息聚合与传布的重要凭依，逐渐彰显出自身主体性，形塑着现实社会治理层面所共通的底层运行逻辑。另一方面，媒介系统的运行机制强调过程性与动态性，即以媒介化思维和媒介的核心逻辑无形之中形塑公众的价值认知，尤其在风险事件中往往以社会行动来呈现某种集体信仰，更为媒介系统的运行逻辑增加了价值交流的机会，为主流价值在网络空间由边缘回归中心提供了治理的可能。如在"什邡事件"中，90后群体与新媒体实际上在进行权利意识层面的"交互式"对话，新媒体构建的对权利意识的集体信仰，使90后群体一代更懂得了社会秩序中的权利意义。

### （三）社会公众理性实践中的适应性治理

复杂适应系统理论由美国学者约翰·霍兰提出，强调微观主体的适应性，能够不断修正自己的行为并与环境共同演化。在社会实践中表征为持有不同信念与价值的主体在媒介化的社会环境中进行观念对垒与博弈。复杂适应系统在当前复杂关系网络尤其处于风险事件中，首先是相对游离、宽松、扁平化的媒介化情境，与具有反思性的文化情境之间的断裂与再链接，然后才是多元行动主体对具体生存生态系统的适应性发展。

风险事件的酝酿、发生、发展是一个公众理性实践的过程，也是情境秩序不断演化的过程：通过内部的自适应性情景转移为"中和"式的意见环境。媒介化的取向不仅是简单的工具式介入，并且是进入到托马斯·马蒂森所言的"同景监视"中，即，多元社会行动者之间通过责任互激达成权利的相互制衡、协同共生，从而实现对传统意见领袖信息传达式治理范式的突破。面对因主体内部调适失衡所引发的适应性治理"失灵"的情境，构建以政府监督为核心，企业、社会等多主体协同的共治体系成为治理的内在要求，事实上，在这个协同共治主体中，尤其需要强调媒介系统价值汇集、对话等的"辐射"影响，一个以结构和建构相结合、理性调适节点与过程相协调的媒介化适应性治理才有望达成。

## 三、"共识"系统：媒介化治理的结构性取向

社会互构论认为，"社会互构"体现了现代社会现象及其过程中蕴含的根本性和实质性的关系机制，而作为社会网络中的公众正身处于这样一个社会互构的时代：系统之间以及系统与子系统之间的互嵌和互构的相互依存模态是社会内部整体运行的重要体现。媒介化治理除了强调媒介系统本身在各系统和子系统担负信息聚合与分流的功效外，同时更是纳入社会系统中的治理场域中，以流动性的、结构性的方式建构一种共识系统。

### （一）共识基础：技术可供性形塑治理体系制度化

"可供性"（affordance）在吉布森的概念指涉中强调有机体在特定场所行动的可能，取决于有机体与环境之间，并经由有机体的感知所形成的特定且独立的关系，媒介化时代的行动者与媒介技术之间的可供性转换为一种交互关系，Gaver 认为，技术可供性是"行动的有机体与被行动的环境

的互补"，两者之间处于一种相互依存、互相建构的过程中。

数字技术的高速迭代使得治理体系增加了新的维度：技术赋能在促动现实秩序和体系改造及重塑过程中，同时成为媒介化系统建构底层逻辑的过程。在媒介技术嵌入的过程中，社会治理系统亦渐次呈现出进路清晰的实践秩序，伴随着治理主体间互动频率的增强，风险事件交往规则渐次演变为新的媒介化的制度性存在。如源于河南郑州"7·20"特大暴雨事件中的"救命文档"充分发挥了移动传播媒介在突发事件后高速协同与资源优化的特质，并在后续的"山西暴雨互助文档"，新冠感染期间各类"物资互助需求文档""药物互助文档"等流动性治理实践中逐渐建构起制度性存在，形塑了新时代复杂且高效的治理机制。随着媒介化社会的发展，社会治理效益、任务以及目标又反过来对媒介系统自身的发展提出新的要求，要求其拥有新的物质、技术和制度基础，以具备更加强大的治理能力。换言之，媒介化治理促动社会治理系统内部秩序的动态性完善，制度化治理体制又反向推进了媒介及媒介系统的进一步提升与嵌入度，由此促动了"技术—制度"二元链条中的生态耦合。

### （二）共识过程：情感共同体培育治理关系黏性化

媒介化的概念既包括"结构"的概念，也包括"情感"的层面，多元主体间的话语、意见的生产与传播往往粘连着复杂的群体情感，互联网时代的公众从某种意义上就是一个情感共同体，互联网尤其是社交媒体的技术可供性是"情感公众（affective public）"、"网络化公众（networked publics）"形成的重要动力之一。了解和探析群体情感的规律，推进情感共同体的建构以达到多元行动者之间的情感互通则是媒介化治理的进路之一：借助技术赋能来聚合起异质群体之间的共通情感，并衍生出情感共融的文化情境。

事实上，公众舆论中的情感表达既可能是一种破坏力量，也可能成为舆论治理的宝贵资源，相较于情绪在个体层面所表露出的易触动、易显现及流动性强的外在表征，情感更能在主体内生中缘起，也因之更突出形态隐蔽性与结构稳定性。媒介化治理所强调的社会主体间的协同互动式情境，赋予了不同属性情感的言说空间，从而能够在主导性力量的方向规制下实现异质情感的同一性建设。如在新冠感染期间关于"逆行者"媒介形象的展演，通过图像、视频和故事化叙事满足公众恐慌心理下的角色期待，通过赋予符号、文本与话语以情感化表征建构起社会一体多元的主流情感共同体，并内嵌于公众认知的行为理念。

在媒介化治理视野下，公众的情感资源是一种基础性资源，无论由公众的情感共振到情感共鸣的流变，还是同一情感系统下的行动者主体在身体实践与日常交往过程中建立的"黏性关系"，都成为有效弥补日益原子化和逸散化的治理系统内部结构的不足。风险事件之所以难以治理，也恰恰是因为风险事件更多是基于情感共同体所迸发出的多元主体之间的黏性关系所致，对于这种黏性关系之于事件与事件之间情感逻辑的关注，不仅在理论认知上有共通点，也成为媒介化治理与以往治理"范式"的有效区隔。

### （三）共识达成：共生式联结促动治理系统结构化

结构性是指系统中制度化了的特征，而结构化是支配结构维序或转换的条件，同时也构成社会系统再生产的条件。基于技术和情感双重路径嵌入下的媒介化治理，也因之成为建构出稳定治理体系的重要补充。基于技术所带来的便捷性，技术路径促进了治理共同体中的多元主体资源分配与权责边界的制度化，在交往实践与互动协商中亦成为情感共同体建设的重要动力。结构是形成治理共同体的框架基础，构建多方参与、良性互动的治理共同体，提升共同体的治理效能，关键在于形成多元主体间调适性的结构关系，如前所述，情感共同体建构的内在路径是推进多元治理主体间的关系黏性建设，进而在治理系统中依托交往制度确立行动秩序与价值规则，依靠关系黏性确保治理效能，并保持系统主体性开展自我检视，强化治理共同体的韧性发展和动态演进。

共生是共生环境中的共生单元通过特定的共生模式所形成的关系，这种"关系"是共生单元、共生模式和共生环境共同作用的结果，媒介化治理则是从媒介系统的外延视角出发，将政治、经济、文化等系统实现相互连接、多方嵌套、互融共生的实践场景，其最终指向社会整体维度的价值认同与社会共识，同时在双重机制的交互建构中渐次演变为一种结构化的联结系统，通过内部主体之间的动态博弈与资源调配，实现一种基于主流机制引导的价值结构的稳定，从而建构起协同共治、资源均衡、利益协调的社会治理共同体。

## 四、结语

　　党的二十大明确指出要提升社会治理效能，畅通和规范群众诉求表达，以顺应时代发展的整体趋势。深度媒介化背景下的现代性风险多呈现出流动化、不确定性及复杂性的特质，风险事件尤其是重大突发风险事件，其风险节点更加难以预测，随着整个社会系统公信力的缺失、基层管理部门的治理失当等问题的不断涌现，使得风险事件中风险因素叠加，不仅风险事件呈几何数增加，更倒逼整个社会治理系统进行整体反思，媒介化治理效能的发挥则更集中地体现在重大突发风险事件当中。

　　毫无疑问，媒介化治理的理论还处于建构期，现实治理的效度有时还不明显，但如果承认推进国家安全体系和能力现代化是一个过程，就不仅要看以往治理实践中媒介化治理实际应用的频率和效度，还要真正廓清媒介化治理的真正内涵，认真考量媒介化治理与新型治理主体内在的逻辑关联。可以说，媒介化治理更多地包含了"善治"思维下的一种应然和理想的因素。以未来的视角审视当今的媒介化治理及其彰显的有益维度，其"技术—制度""情感—关系"层面双向互构的治理逻辑，以及推进结构性循环和达成共生系统的治理目标，无一不是对风险事件中风险样态衍变的有效提取和应对。

## 参考资料

［1］M. Castells. "The New Public Sphere: Global Civil Society, Communication Networks, and Global Governance". *The Annals of the American Academy of Political and Social Science*, vol. 616, no.3, 2008, pp.78–93.

［2］李春雷.风险、技术与理性：媒介治理的逻辑脉络.广州大学学报（社会科学版），2022（5）。

［3］戴宇辰.媒介化研究：一种新的传播研究范式.安徽大学学报（哲学社会科学版），2018（2）。

［4］韦慧.媒治：基于法治和政府治理的"社会共治".理论观察，2017（4）。

［5］胡远珍、吴诗晨.中国媒介治理研究的历史演进与发展趋势.新闻与传播评论，2021（6）。

［6］闫文捷、潘忠党、吴红雨.媒介化治理——电视问政个案的比较分析.新闻与传播研究，2020（11）。

［7］沈正赋.新型治理主体：重大突发风险事件中的媒介化治理能力建构研究.编辑之友，2022（8）。

［8］陈华明、刘效禹、贾瑞琪.媒介何为与治理何往：媒介化治理的理论内涵与实践路径.新闻界，2022（4）。

［9］葛明驷.媒介化治理：县级融媒体创新乡村治理的逻辑与路径.中州学刊，2022（10）。

［10］罗昕.媒介化治理：在媒介逻辑与治理逻辑之间.湖南师范大学社会科学学报，2022（5）。

［11］郭小安、赵海明.媒介化治理：概念辨析、价值重塑与前景展望.西北师大学报（社会科学版），2023（1）。

［12］［英］安东尼·吉登斯：《现代性的后果》，田禾译，南京：译林出版社2011年版，第20页。

［13］［丹麦］施蒂格·夏瓦：《文化与社会的媒介化》，刘君等译，上海：复旦大学出版社2018年版，第23页。

［14］Hepp & Krotz, "What 'Effect' do Media Have? Mediatization and Process of Social—Cultural Change". Presented in ICA conference in SanFrancisco, 2007, p. 2.

［15］杨立华.人民治理：国家治理、社会治理和政府治理的共同本质.学海，2021（2）。

［16］喻国明、滕文强、苏芳."以人为本"：深度媒介化视域下社会治理的逻辑再造.新闻与写作，2022（11）。

［17］赵国新.情感结构.外国文学，2002（5）。

［18］闫文捷、潘忠党、吴红雨.媒介化治理——电视问政个案的比较分析.新闻与传播研究，2020（11）。

［19］陈华明、刘效禹、贾瑞琪.媒介何为与治理何往：媒介化治理的理论内涵与实践路径.新闻界，2022（4）。

［20］罗昕.媒介化治理：在媒介逻辑与治理逻辑之间.湖南师范大学社会科学学报，2022（5）。

［21］［德］斐迪南·滕尼斯：《共同体与社会：纯粹社会学的基本概念》，林荣远译，北京：商务印书馆 1999 年版，第 65-66 页。

［22］黄晓春.治理现代化的中国模式及其文明意涵.中国社会科学报，2022（7）。

［23］Andreas Hepp, *Deep Mediatization*, London and New York: Routledge, 2020, pp. 3-6.

［24］刘珍、赵云泽.情绪传播的社会影响研究.编辑之友，2021（10）。

［25］姬德强.平台化治理：传播政治经济学视域下的国家治理新范式.新闻与写作，2021（4）。

［26］李春雷.媒介文化视阈下底层青年群体心理极化的传媒干预研究.传媒观察，2019（6）。

［27］Krotz, F. "The meta-process of 'mediatization' as a conceptual frame", *Global Media & Communication*, vol.3, no.3, 2007, pp.256-260.

［28］李春雷、张斌.90 后权利意识的困境与传媒引导：对"什邡事件"的实地调研.国际新闻界，2014（2）。

［29］Holland J H, Studying complex adaptive systems, *Journal of systems science and complexity*, vol. 19, no.1, 2006, pp.1−8.

［30］范如国.平台技术赋能、公共博弈与复杂适应性治理.中国社会科学，2021（12）。

［31］杨敏、郑杭生.社会互构论：全貌概要和精义探微.社会科学研究，2010（4）。

［32］Gibson J J, *The Ecological Approach To Visual Perception*. Houghton Mifflin, 1979, p.125.

［33］W. W. Gaver, *Technology affordances* in Proceedings of the SIGCHI Conference on Human Factors in Computing Systems Reaching Through Technology-CHI' 91, New York: ACM Press, 1991, pp. 79−84.

［34］葛明驷.媒介化治理：县级融媒体创新乡村治理的逻辑与路径.中州学刊，2022（10）。

［35］胡翼青、杨馨.媒介化社会理论的缘起：传播学视野中的"第二个芝加哥学派".新闻大学，2017（6）。

［36］Papacharissi Z. *Affective publics: Sentiment, technology, and politics*. Oxford University Press, 2015.

［37］郭小安.舆论引导中情感资源的利用及反思.新闻界，2019（12）。

［38］［英］安东尼·吉登斯：《社会的构成：结构化理论大纲》，李康、李猛译，北京：生活·读书·新知三联书店1998年版，第87−89页。

［39］李忠汉.治理共同体视角下实现社会治理重心下移的现实路径.郑州大学学报（哲学社会科学版），2022（5）。

［40］Feng F, Zhang L, Du Y, et al. "Study on the classification and stability of industry-university-research symbiosis phenomenon: based on the logistic model". *Journal of Emerging Trends in Economics and Management Sciences*, vol.3, no.1, 2012, pp.116−120.

［41］焦德武.重大突发风险事件的媒介化治理：挑战与思路.广州大学学报（社会科学版），2022（5）。

# 媒介化治理：理论逻辑、过程性建构与问题治理取向

**摘　要：** 中国高风险社会的传播生态与发展逻辑给国家治理能力现代化提出了新的挑战。一方面，高度媒介化的社会不仅凸显了媒介逻辑，更结构性地增加了社会系统的维度；另一方面，媒介化治理也是对国家治理现代化内核的一种有益补充。媒介化治理的前提，需要承认治理"问题"是一种动态性过程。而媒介化治理对过程性的强调，既有深入事件内部的整个历时性过程，还注重关注事件与事件之间的关联，抽取出其中系统的情绪传播、风险传播的主线，更凸显以情景和场景的视角对事件中问题进行治理。这恰是媒介化治理以问题为主线，以问题治理为目标指引的建构。

**关键词：** 媒介化治理　过程性　沉浸式治理　问题治理

习近平总书记 2020 年曾指出，"当前和今后一个时期是我国各类矛盾和风险易发期，各种可以预见和难以预见的风险因素明显增多。我们必须坚持统筹发展和安全，增强机遇意识和风险意识，树立底线思维，把困难

估计得更充分一些，把风险思考得更深入一些，注重堵漏洞、强弱项，下好先手棋、打好主动仗，有效防范化解各类风险挑战，确保社会主义现代化事业顺利推进。"这里所说的风险是中国社会在发展过程中不断出现的，同时也是社会建构的产物。如芭芭拉·亚当所言，风险不仅仅是在技术应用的过程中被生产出来，而且在赋予意义的过程中被生产出来，还会因对潜在危害、危险和威胁的技术敏感而被不断生产出来。

对转型过程中的中国社会而言，风险带来的影响以及风险治理的任务更为迫切。一方面，正如贝克所言，中国不仅已经进入高风险社会，"经历'压缩的现代化'的中国面临着第一现代性和第二现代性'双重强制'的共时性困境"。另一方面，在对风险治理层面"碎片化、低效率现象严重，现有的公共管理、国际治理不能适应风险治理的要求，而新的治理方式又远未形成"。如前所述，事件的治理已经逐渐衍化成一种对结构化、制度化形态的应对，建构一种新的治理范式也呼之欲出，提取出在事件发展过程中的"问题"也因之尤显必要。

## 一、媒介化与风险性：传统治理理念转变的逻辑前提

曼纽尔·卡斯特认为，在信息化社会，知识产生、经济生产力、政治—军事权力，以及媒体传播的核心过程，已经被信息化范式所深深转化。随着中国社会发展进入高度媒介化阶段，媒介技术的不断更新以及对各个领域的浸透，社会、文化、媒介和政治不再是独立的子系统，而是成

了相互依赖、相互作用的共同体形态。显然，中国正处于一个媒介逻辑得以凸显，媒介的独立性增强的阶段。因此，为了应对社会发展过程中的结构性风险，以新的视角探析国家治理体系和治理能力建设的道路创新、理论创新、制度创新等尤显必要。

如前所述，随着数字技术的发展，媒介与社会之间的关系既有深度关联又充满着张力。媒介不仅影响着社会的发展进程，更是对当前社会系统的影响力超越历史上的任何一个时期。媒介的影响扩展至社会以及社会生活的各个领域，在诸如政治、文化、经济等各种社会机制中，都能察觉到媒介逻辑所产生的影响与效力，即形成了"媒介化社会"这一趋势。一方面，现代化的社会转型与数字技术的社会嵌入，使得社会形态和社会心态发生了巨大的转变。另一方面，网络社会所具有的超越地域性、隐蔽性、复杂性等特点也对传统的治理模式产生了极大的冲击。实践证明，在中国社会全面转型以及社会治理的复杂性、不确定性和协作性要求极为迫切的情况下，传统的社会管理理论已无法更为有效地应对复杂的治理难题，更是存在治标不治本的现实问题。同时，高度媒介化社会所彰显的媒介逻辑已然成为当代中国国家治理能力与治理体系现代化的重要驱动力与组成部分，两种发展取向的"不谋而合"恰是传统治理理念转型的逻辑起点。

当然，现在社会治理所面对的问题已经不是媒介化产生的单一问题，现代性风险更是不容忽视的因素。正如拉什所言，贝克对风险社会的界定更多地是指一种特定的社会、经济、政治和文化的情境，特点是不断增长且人为制造的不确定性的普遍逻辑，背后体现的是社会结构、制度的矛盾性。即使吉登斯等对现代性风险又进一步进行了论述，强调了现代风险的系统性，其对现代性与特定时空情景下风险性对应的论述也深化了人们对风险性和风险社会的认识。国内有关风险性的研究动态，主要关注风险感知、风险传播等领域，对风险样态的研究相对较为匮乏，总体对"风险性"研究和逻辑理论框架仍然停留于西方的范式，缺乏本土化经验。这意味着需要跳脱纯粹西方理论的"风险"框架，从当前国家治理诉求、国家认同建构等具体情境出发，探求中国社会语境下的"风险形态"有何新的内涵延伸。

在有关"风险性"理论本土化建构的过程中，需要考量的现实治理经验层面，一是基于风险传播的全球化境况，需要从全球媒介化治理、全球风险治理等维度思考"风险"的社会建构；二是基于社会公平正义、普遍价值规范等风险事件，考量人类社会日常生活的"风险"制度建构；三是基于网络舆论生态语境中的谣言、后真相、数据安全等数字风险问题，即面对信息化生存、媒介化生存、数字化生存的社会现实，思考"风险"的技术性建构；四是基于政治（社会）认同建构语境下应对诸如身份、性别、阶级、国族、城乡等议题引发的风险，从构建国家文化领导权、促进国家认同、改善国家治理等维度思考"风险"的政治文化意义。概言之，重新定位风险性的社会含义及其在当下社会系统中扮演的角色和定位，进而对风险议题本土化建构进行深入学理的探讨。

但是，对风险性相关领域，如风险感知的研究，除了风险认知与感知等制度化维度外，还包括一种感性化的理解，这是充满偶然性、混杂性和情感性的实践构成。究其本质而言，这是不同于风险制度化的体现，是日常生活中微观、具象与鲜活的风险认知及其带来的风险实践，本质是一种风险文化的彰显，这种风险文化某种程度上成为公众风险应对的重要逻辑基础。因此，对处于重大突发风险事件中"风险性"的理解应是多元化的，尤其需要从风险样态和公众感知的文化框架中进行分析。

笔者在对风险样态和公众感知的研究过程中发现，风险不仅仅在技术运用过程中被生产，同时在意义被赋予的过程中得以催生，还会因为对潜在威胁的敏感而产生。在风险被建构的过程中，媒介不仅仅是简单的信息传递工具，扮演的不仅是风险事件发生后及时进行信息传递和扩散的功能，其自身的话语生产也成为风险催生的重要动因。易言之，媒介报道思维与理念亦成为公众风险感知生成的潜在影响因素，即媒介的媒介化逻辑。与此同时，社会治理模式对媒介与风险议题的关注，不仅要分析人们如何感知、定义和合法化风险，还必须对背后延展开来的共同体议题、媒介化知识等问题进行分析。这些问题本质上都构成媒介重构风险及其感知的维度。

在传统治理模式之下，对于风险性的可见性问题涉及较少，而这恰是现代风险的特质，确切地说，是现代风险的可见性问题被传统治理模式忽略。阿斯特莉特·埃尔在《探寻内隐集体记忆的隐藏力量》中认为"在过去数十年，记忆研究领域关于外显集体记忆的研究早已汗牛充栋。但除了外显记忆这一维度外，还存在一个巨大的内隐集体记忆的隐藏世界。这一隐藏世界的要素包括典型叙事、刻板印象、框架建构和世界模型。为了形塑新形

势下的认知和行为，这些要素作为集体记忆的一部分，常常被无意识地在代
际间传播和继承"。埃尔揭示的处于"内隐"状态的集体记忆，不仅仅是集
体记忆在社会群体中发挥功能的方式，更是和社会系统进行对话的"接口"，
这和丹尼斯·库恩对刻板印象的论述有相通之处，后者认为"某一特定社会
群体成员的过于简单的印象"就是刻板印象。阿斯特莉特·埃尔认为："在
内隐的集体记忆中，最为有效的部分涉及的是那些已经固定下来的纪念模
式，例如类似于图示、叙事、价值观、刻板印象、世界模型或者特定的
行为方式。"如果分析事件与事件之间的逻辑关联，无论是集体记忆"内
隐"状态还是刻板印象，都能较长时期"在复杂社会和媒介中被生成和稳
定下来"。以风险性的可见性而言，这事实上是现代风险中一种新的风险
样态——"隐性风险"，其事实上的破坏力与显性风险"并驾齐驱"。如前
所述，对风险性的治理更多地凸显了现代风险的系统性和可建构性，笔者
论及的这种风险性的不可见性（也可以说是一种隐蔽性）常常被忽略，新
的治理模式（本书提及的媒介化治理）因为强调动态的、长时段的与过
程性的视角来审视现代性风险中的"流动风险"，从而在治理逻辑上有了
可能。

　　同样，媒介化和风险性的结合也对传统治理理念提出了挑战。在传统
治理理念下，甚至在吉登斯的论述中，媒介与风险内在关系更多体现的是
中介化思维，即媒介是制度化结构困境的缩影，其功能就是信息传播。随
着风险本身日渐转向文化形态，风险背后的知识体系发生变化，风险变成
不可预测的不确定性经验存在，这是一种偶然性、复杂性和敏感性高度混

杂的结果。与此同时，随着媒介日渐嵌入日常生活，其内涵与功能已发生变化。具体而言，媒介隐喻的是承载社会记忆、延续文化的介质与技术生成的关系网络，意味着新的认知方式、群己交往形式与符号嵌入催生的社会建制。媒介的媒介化转向，则是以媒介逻辑为起点，融合技术（物化）、人（符号化）与社会（制度化）的互动过程，指媒介作为技术形式的规约，又指媒介对日常生活实践渗透带来的长远影响，更大范围是指媒介与社会、政治与文化等制度化系统的相互作用。这事实上正是前述媒介化时代到来后面对的新课题和新理念。即，媒介化所具有的普遍性、高度的不确定性以及多元化参与的特征，都意味着媒介化本身及其对风险的影响非常复杂，风险日渐在一种情景化、语境化过程中被不断塑造，其间夹杂了利益、视角、经济等各种要素，背后暗含的则是权力关系对风险的解构和重构。与此同时，正是因为媒介化与风险生成的复杂性，一种能够整合两者的内在逻辑、基础及其机制的新治理"范式"已成必需。

事实上，在中国特定的媒介化社会生态下，从现实到网络社会"事件"的发生与发展大多有着一条情感动员、情感传播的逻辑，而传统媒体的长期失语为社会舆论与社会情绪面临再度失控埋下了风险因素。仔细梳理中国网络社会发展过程中所产生的各类事件可以发现，中国高风险社会的传播生态与发展逻辑给国家治理能力现代化提出了新的挑战。而仔细研究每一个事件，其从动员、肇始，再到整个事件的动态发展，也远不是理性与否能够解释得通，其治理的思维、治理的方式乃至整个治理的"范式"，也正在向媒介化治理倾斜。

## 二、过程性：媒介化治理的实践逻辑

爱尔兰学者肖恩（Seán Siochrú）和布鲁斯·吉拉德（Bruce Girard）最早在《全球媒介治理引论》（2002）一书中首先提出"媒介治理"这一概念，并提出了媒介的善治存在多个层面内涵。这实际上已经不单单强调以媒介作为工具的应对，还有对媒介逻辑在事件发展过程中的重视，与新时期学界论及的媒介化治理有暗合之处。笔者认为，所谓媒介化治理，更多"强调多元社会主体协同参与，是一种过程性治理实践，其目标则是实现多主体的情感共通与共识达成"。当然，"媒介化治理是立足于媒介化思维上治理主体范式的整体转型，集中表现在权威机构优化情绪治理、媒介平台建构集体信仰与社会公众践行理性行为"。尤其值得关注的是，媒介化治理的理论内涵，更多强调了"过程性"，以当前的中国治理经验而言，是对国家治理体系有益的补充。从历史发展的视角来看，从"枫桥经验"到"网格化管理、组团式服务"再到"技术对权力'赋能'"的转型，不仅表明了"国家管控"—"社会管理"—"社会治理"的跃迁，而且更为清晰完整地勾勒治理主体如何突破传统理念和资源的限制。同时，传统的治理网络常有"鞭长莫及"之时，许多新型治理盲区不断涌现，例如以数字技术为基础设施的平台系统迅速崛起，形成了交错纵横的生态网络系统，这也要求更为合理的复杂适应性治理机制。以治理实践中的"过程性"提升为经验逻辑的媒介化治理应对了这一变化。

安德鲁·阿伯特认为，过程论取径指的是一种将社会世界中的一切事物都以不断地形成、重制和消解自身（及其他事物）的过程来研究的方法。以此观之，从媒介研究到媒介化研究的转向，实际上暗含着一条将媒介实践视为一种动态性过程的研究进路。提取出"事件"中的问题，以媒介化治理的"过程性"经验逻辑系统考量"事件"的发生发展尤显必要。

## （一）点成线：时间脉络下的节点化治理

风险社会的出路在于有效的风险治理，而风险传播在风险治理中处于关键环节，重大突发风险事件在与社会系统进行议题勾连与知识生产的过程也是风险节点生成的过程，更是风险传播的理路，不同节点的动态演进与更迭则渐次建构起事件"问题域"的整体轮廓，而风险因子则会潜藏于事件主体、行动与客体的关系互构中，并层层累加。风险的出现也因之往往是动态演化的，有一个渐进式的累积与扩散的过程，风险事件的发展历经潜伏、酝酿、触发、爆发、平息等阶段，因此，也更凸显风险事件的前后衔接的"过程性表征"，时间的线性逻辑下社会事件的经验序列性与公众个体的历史延续性的演进路径，使得对社会风险的审视更应强调过程性、系统性的视野。

当下风险事件中的舆论传播不再是简单的"二级传播"，而成为一种"接力传播"结构，对风险事件这一综合体治理就不应局限于事件单一阶段，治理面向理应包括事件本体、外延及后续影响三个层面，也即是以点到线的治理理路。事件本体层面，需要对事件进行前期的风险信息识别预警，风险的识别、研判、预警是三个相互关联的环节，构成了一个紧密的风险治理链条。依靠权威专家系统并结合复杂事件中的细节性事实，从源头处核实风险信息的危害程度，在不阻碍社会表达机制建设的前提下推进话语、情绪表达的制度化建构。事件中期，需对衍化中的关键议程与话题信息借助多元发声渠道进行及时跟进与补充，减缓社会公众由于信息饥饿感与剥夺感所引发的谣言危机等风险。事实证明，重大突发风险事件中期，囿于体制性原因，媒体在公众舆论聚焦的关键性话题中总会出现信息传布迟滞或缺位的事实，致使民众感知信息获取不足，进一步成为事件中风险叠加的重要动因。风险的阐释来自时间，特别是与个体的记忆、历史、心态相互勾连的经验，因此在事件后期，应将其纳入长时段的发展视野中，建构起后续风险治理的保障路径，依托于媒介技术的升级来推进风险治理知识的反思性与话语表达建制化发展。

## （二）线成面：情绪传播中的关联性治理

如果说时间脉络下的事件治理更倾向于事件本体层面的一种治理路径，那情绪传播中的治理则更倾向于一种事件内部风险因子的关联性治理。媒介技术在渐次演进构筑起社会基础设施的过程中，亦成为实现不同节点的话语与情绪实现交互连接的社会机制，在媒介平台的助推下，源于事件中公众复杂情绪的连接与传播也成为事件中风险因子进行交融、叠加、放大、凸显的重要因素，进而导致事件的风险连接或者放大所带来的风险外溢。风险产生的社会放大效应是指信息过程、社会组织行为和个体反应等共同塑造风险，从而促成风险结果的现象。当前中国社会面临的重大风险，往往不仅是某一个方面的局部性风险，也是涉及政治、经济、文化、社会、军事等多方面的全局性风险。因此，打破单一化、片面化的重大风险事件的认知模式，将其放置于公众情绪发展的复杂性维度进行综合性考量尤显必要，例如对于重大风险事件的治理，除了实现事件本身在围绕相关议题过程中的监测、协商与治理外，理应将事件放置于纵向的历时性脉络与横向的共时性脉络中进行学理叩问。

情绪传播行为不是短时间的应激反应，其影响并不会随着事件的结局而消散。重大风险事件的演化历程与事件中的公众情绪传播往往相伴而行，情绪系统作为一种隐性的信息传播与情感表达机制，成为重大风险事件场域中难以把控的关键，防控突发事件风险，既要防控物理世界中显见的风险，又要防控人的精神世界可能遭遇的明显的抑或隐蔽的风险。隐性传播具有内隐渗透性、互动参与性和生活情感性的特征，源自事件所酝酿出的个体情绪以及群际情绪在复杂的事件场域中接续累加、迭代与转译，事件的风险性更加难以捕捉。因此，媒介化治理的过程性原则更应在公众的情绪流变与感染的过程中突破单一视域的局限，将负面情绪凸显出的风险性纳入媒介化治理的考虑范畴中，结合既有的社会宏大语境剖析公众情绪风险的内核，以数字技术为依托、情绪安抚为核心、情感共通为目的，实现情绪治理的过程化。

### （三）面成域：场景视阈下的浸入式治理

如果说现在是媒介化生存当不为过，媒介不再是受制于社会系统的一个子系统，而是通过对日常生活的全面渗透，成为建构社会的基本动力，一种以媒介为动力的新型社会结构正逐步到来。依此视野下，重大风险事件的风险性呈现，更多是一种媒介化了的风险彰显，媒介技术下沉带来操作边界的模糊，刺激了公众在事件话语表达层面中权利意识的爆发，重大风险事件中所外溢出的各类次生灾害大多归属于风险事件场域中。事实上，公众在现实实践中的权利表达行为与应然维度上的权利诉求愿景产生了强大张力，进而使得有关事件的舆情或关联性事件呈现出一波未平、一波又起的态势，在事件与事件的更迭与对接中，公众情绪系统中的问题遗留在新事件场景中，亦会被嵌入新的风险元素。也可以说，长期的负面情绪积累而生成的问题一直存在，问题叠加带来的强大风险性蔓延至整个社会的多系统问题域中，其藏匿于日常的制度化与非制度化事件所衍化而来的观点、态度与社会心态中，进而嵌入不同社会场景的价值形塑中。场景的变化，对于人们在社会中的角色定位、行动脚本、交往规则、社交氛围产生了基础性的影响，因此应为风险事件的场景更迭适配相应的治理思维，进而建构起一体多元的资源协同格局与多场景治理体系，这与其说这是为新时期的治理模式提出了新的要求，不如说是媒介化治理在问题治理过程中新的"浸入式"治理的必要。

如前所述，社交媒体时代，场景成为继内容、形式、社交之后媒体的另一种核心要素。从媒介功能论的角度而言，媒介技术不仅与社会系统高度融合，还深度嵌入基础设施中，与社会生活高度绑定，在社交场景中重塑着公众的意识、情感、态度和价值认知。梅罗维茨认为，新的传播媒介的引进和广泛地使用，可能重建大范围的场景，并需要适应新场景的社会行为。因此，在弗里德里希·克洛兹看来，媒介化是与个体化、全球化、商业化同等重要的、长期影响民主和社会、文化、政治等的元过程。从宏观视角看，当下社会风险事件成倍增加的背后除了原有治理范式的局限性之外，社会转型期的"断裂"问题值得关注。由于现实的关系格局与社交场景在流动性较强的虚拟空间内被割裂，一定程度上使得事件中个体、群体呈现出观点的游移、情绪的偏离乃至心理的极化，媒介化治理在此维度上应充分调动其资源整合与现实建构的社会效能，通过平台搭建、话语分析、情感分类等技术工具，进行日常的秩序化场景营造，尤其是发挥浸入式治理的优势以便培育和建构公众的关系、情感乃至价值认知。

## 三、问题治理：目标指引下的治理取向

媒介化治理中过程性实践的效能走向应是建构起协商高效的交往社会，进而弥补社会转型期由于经济、文化、政治等发展的不协调所带来的社会系统中的各类"鸿沟"。交往社会的理想是一切社会成员为实现公共福祉而理性交流，进而通过社会交往与自组织沟通等形式，渐次弥合由社会大转型所产生的文化差距、数字鸿沟、信息误差等社会潜在危机。

### （一）关系的媒介化再建：身份认同的聚合

智能媒体所带来的数字空间为公众提供了自由、快感与情感补偿，同时也让公众体验了深度的身份焦虑：身份易拾和多元、虚拟身份与现实身份的交互、身份权利与身份义务的断裂，因而出现了广泛的身份的不确定性、非连续性和断裂感。媒介化时代的身份不仅是个体层面的数字身份与现实身份的撕裂，更表征为一种交往关系的游离，关系赋权作为一种新权力范式，可以被理解为个体的力量在数字连接中聚合、放大、爆发，从而为社会的相对无权者赋予话语权和行动权。媒介技术的发展带来的双重身份焦虑与恐慌通过关系的再连接并依据"主体意义"的媒介化阐释，从而形成围绕一个核心共性、多个个性并存并向外溢的网格式结构，例如各种趣缘、业缘群体等均是基于身份类属而建构起的关系共同体。依托于用户识别与算法分类的媒介化过程，即是实现技术场景下的人与人关系的再连接，弥补日益割裂的身份焦虑。

### （二）参与感的媒介化营造：意义感知差距的收缩

在现代性背景下，个人的无意义感，即一种"生活不提供价值"的经验，正成为普遍的心理问题。媒介化的概念既包括"结构"的概念，也包括"情感"的层面。通过对社交媒体在地域管理过程中的沟通机制的研究表明，社交媒体平台可以在公众和基层管理者之间创造一种集体感与参与感。风险事件中的多方主体与利益相关群体存在着较大的价值分歧和价值偏差，也致使事件中群体的边缘感与无意义感增加。权威机构与媒体组织等应依托于移动设备、平台机制的在线连接对事件进行意义再阐释与情感勾连，重塑公众的主体性思维与参与意识。以媒介化的话语与符号文本进行意义再造与思维重塑，进而形成个体之间的意义连接与共识创生，消弭在现代性背景下的价值分化与意义割裂。

### （三）事件的媒介化应对：问题域的分层治理

传媒和媒介在重大突发事件中的影响机制并非呈现一致化样态。就传媒属性而言，传统媒体与新媒体在重大风险事件中有着不一样的媒介功能，对公众舆情演化、发展造成的影响也并非趋同。同时，由极化心理导致的社会舆情发展演变基本呈现出线上发酵到社会行动再至社会舆情的生成的过程，因此，媒介化治理以分层的视角对社会舆情尤其是网上舆情的演化作出分析尤为必要。媒介化治理的分层预警作为一种把集中预警和分散预警相结合的干预方式，将传媒和媒介干预机制分为不同的层级，各个层级在服从整体目标的基础上，并相对独立地开展预警，从而实现有效的干预。

随着时间的推移和社会媒介化程度的逐渐加深，对社交媒体形成"路径依赖"的公众，开始出现了道德绑架、信仰多元乃至矫枉过正、心理极化等问题。对青年群体而言，媒体对其价值形塑的力量举足轻重，媒体记忆更强化了他们对于众多的社会不公平事件的集体记忆和刻板认知。单纯个案研究和简单的理论推演已无益于化解这些隐性和显性的风险，停留在结构功能主义下的"硬性管制"更易于激发次生风险，基于田野调研基础上的媒体"技术规约—传媒共治—文化涵化"，也即媒介化治理的深度干预机制势在必行。

## 四、结语

中共十八届三中全会以来，完善和发展中国特色社会主义制度、推进国家治理体系和治理能力现代化成为全面深化改革总目标，体现了以习近平同志为核心的党中央在治国理政方面的新理念、新方略。媒介在国家治理体系和治理能力现代化建构过程中扮演着重要角色，尤其是习近平总书记关于新闻舆论工作重要讲话精神、媒体融合发展建设的相关论述，为新闻界锐意改革进取，切实提高媒体新闻舆论传播力、引导力、影响力、公信力，提升媒介在国家治理中的作用提供理论指导。因此，完善媒介化治理理论和推进媒介化治理体系有着重要的理论和现实意义。

前已述及，媒介和传播成为了风险扩大的因素，在风险治理过程中理应承担举足轻重的作用。"政治生活，或更广义的公共生活，以适应媒体技术、组织和制度要求的方式而展开。作为这个过程的一部分，'媒介化的治理'指的是媒体嵌入治理、二者相互依存的形成过程。"如果放置到事件中来看，媒介化治理确实在理论和实践层面都有着可行性和必要性。同时，转型期的中国呈现出利益主体多元化、利益诉求多样化以及利益冲突显性化的特征。在事件的场景下，在强大的网络情绪与现实社会互涉的前提下，社会情感的集中表达需要媒介的在场与对话，而囿于体制、机制、传统、经验等多方面的因素，传统媒体的缺位或失声已然是一种常态。因此，当重大风险事件发生之际，"意见领袖的引导、疏解艺术的发挥与社会情感的呵护考验着媒体的传播智慧。传媒应提前介入，积极倾听底层、打捞民意、沟通情感、理性报道。要从规训到疏解，从官方到公共，从仪式到实质，转变媒体训诫者的精英主义姿态，回归服务社会的角色属性"。这既是媒介化治理的要义，更是完善国家治理体系的迫切需要。

## 参考资料

［1］习近平.增强忧患意识 坚定必胜信念.人民日报，2021年4月30日17版。

［2］范如国."全球风险社会"治理：复杂性范式与中国参与.中国社会科学，2017（2）。

［3］［西班牙］曼纽尔·卡斯特：《网络社会的崛起》，夏铸九、王志弘等译，北京：社会科学文献出版社2006年版，第86页。

［4］童兵、马凌、蒋蕾：《媒介化社会与当代中国》，上海：复旦大学出版社2011年版，第7页。

［5］Maraoleni, C., Mediatization of Society, in Woligang Donsbach (ed.), *The International Eneydoyedia of Communiation*. Mal-den, MA: Blackwell, 1995, pp. 3047-3051.

［6］何哲.网络社会治理的若干关键理论问题及治理策略.理论与改革，2013（3）。

［7］范如国.复杂网络结构范型下的社会治理协同创新.中国社会科学，2014（4）。

［8］［德］阿斯特莉特·埃尔.探寻内隐集体记忆的隐藏力量.广州大学学报（社会科学版），2023（3）。

［9］［美］丹尼斯·库恩：《心理学导论——思想与行为的认识之路》，郑钢等译，

北京：中国轻工业出版社 2004 年版，第 781 页。

[10]［德］阿斯特莉特·埃尔.探寻内隐集体记忆的隐藏力量.广州大学学报（社会科学版），2023（3）。

[11]李春雷、申占科.媒介化治理：概念、逻辑与"共识"取向.新闻与写作，2023（6）。

[12]李春雷、雷少杰.突发群体性事件后情绪传播机制研究.现代传播（中国传媒大学学报），2016（6）。

[13]李春雷.风险、技术与理性：媒介治理的逻辑脉络.广州大学学报（社会科学版），2022（5）。

[14] Siochrú, Seán, Girard, B. & Mahan, A., *Global Media Governance*, Oxford, Rowman and Littlefield, 2001, pp.12-20.

[15]李春雷、申占科.媒介化治理：概念、逻辑与"共识"取向.新闻与写作，2023（6）。

[16]胡重明.社会治理中的技术、权力与组织变迁——以浙江为例.求实，2020（1）。

[17]黄晓春.党建引领下的当代中国社会治理创新.中国社会科学，2021（6），第 116-135、206-207 页。

[18]范如国.平台技术赋能、公共博弈与复杂适应性治理.中国社会科学，2021（12），第 131-152、202 页。

[19]［美］安德鲁·阿伯特：《过程社会学》，周忆粟译，北京：北京师范大学出版社 2022 年版，第 1 页。

[20]戴宇辰.媒介化研究：一种新的传播研究范式.安徽大学学报（哲学社会科学版），2018（2），第 147-156 页。

[21]黄晓伟.后常规科学时代的风险传播：起点、规范与理性根基.新闻界，2021（5），第 40-46 页。

[22]陈丰.总体国家安全观视域下重大风险防控的挑战与应对.华东理工大学学报（社会科学版），2023（1）。

[23]李春雷、申占科.媒介化治理：概念、逻辑与"共识"取向.新闻与写作，2023（6）。

［24］李彪、刘冠琦 . 新技术时代舆论研究与治理范式的重构 . 新闻与写作，2023（2）。

［25］薛澜 . 科学在公共决策中的作用——聚焦公共卫生事件中的风险研判机制 . 科学学研究，2020（3）。

［26］李春雷、钟珊珊 . 风险社会视域下底层群体信息剥夺心理的传媒疏解研究——基于"什邡事件"的实地调研 . 新闻大学，2014（1）。

［27］张健 . 媒介技术带给突发公共事件的新风险——基于社会时间概念的反思 . 江淮论坛，2022（6）。

［28］Kasperson, Roger E., et al. The social amplification of risk: A conceptual framework, *Risk analysis*, 1998, 8 (2), pp:177–187.

［29］魏继昆 . 习近平关于新时代中国共产党抵御重大风险的思想论析 . 社会主义研究，2019（1）。

［30］刘珍、赵云泽 . 情绪传播的社会影响研究 . 编辑之友，2021（10）。

［31］丁晓蔚、李明 . 基于大数据 AI 的重大突发事件媒介化治理——一项系统性的应用研究 . 编辑之友，2022（12）。

［32］曾一果、时静 . 从"情感按摩"到"情感结构"：现代性焦虑下的田园想象——以"李子柒短视频"为例 . 福建师范大学学报（哲学社会科学版），2020（2）。

［33］孙玮 . 媒介化生存：文明转型与新型人类的诞生 . 探索与争鸣，2020（6）。

［34］戴宇辰 . 走向媒介中心的社会本体论？——对欧洲"媒介化学派"的一个批判性考察 . 新闻与传播研究，2016（5）。

［35］喻国明、马慧 . 互联网时代的新权力范式："关系赋权"——"连接一切"场景下的社会关系的重组与权力格局的变迁 . 国际新闻界，2016（10）。

［36］彭兰 . 场景：移动时代媒体的新要素 . 新闻记者，2015（3）。

［37］［美］约书亚·梅罗维茨：《消失的地域：电子媒介对社会行为的影响》，肖志军译，北京：清华大学出版社 2002 年版。

［38］Krotz F, The meta-process of "mediatization" as a conceptual frame, *Global Media & Communication*, 2007, 3(3), pp. 256–260.

［39］杜骏飞 . 公正传播论（2）：交往社会的来临 . 当代传播，2022（3），第 49–55 页。

［40］刘丹凌．新传播革命与主体焦虑研究．新闻与传播研究，2015（6），第93-108、128页。

［41］喻国明、耿晓梦．"深度媒介化"：媒介业的生态格局、价值重心与核心资源．新闻与传播研究，2021（12），第76-91、127-128页。

［42］［英］安东尼·吉登斯：《现代性与自我认同：现代晚期的自我与社会》，赵旭东、方文、王铭铭译，北京：生活·读书·新知三联书店1998年版，第9页。

［43］胡翼青、杨馨．媒介化社会理论的缘起：传播学视野中的"第二个芝加哥学派"．新闻大学，2017（6）。

［44］Raschke A B, Davis J, Quiroz A. The Central Arizona Conservation Alliance Programs: Use of Social Media and App-Supported Community Science for Landscape-Scale Habitat Restoration, Governance Support, and Community Resilience-Building, *Land*, 2022, 11(1), p. 137.

［45］闫文捷、潘忠党、吴红雨．媒介化治理——电视问政个案的比较分析．新闻与传播研究，2020（11）。

［46］李春雷、雷少杰．突发群体性事件后情绪传播机制研究．现代传播（中国传媒大学学报），2016（6）。

经 验 提 升

# 粤港澳大湾区舆论引导与舆情应对精品案例

## ——基于媒介化治理思考的经验提升探讨

作为关于粤港澳大湾区网络舆情治理分析的书籍，本书以媒介化社会高流动性和高风险性为背景，选取粤港澳大湾区舆论引导与舆情应对精品案例，综合主流媒体和社交媒体、基层治理和数字治理，将舆情治理、风险传播等问题放入突发风险事件中来系统思考和研究。为进一步提炼总结粤港澳大湾区媒介化治理策略，探究现存挑战与优化之道，本书编委会邀请多位粤港澳大湾区舆情治理方面的专家对书内案例进行点评，为提升粤港澳大湾区网络舆情治理提供意见参考。为提高经验总结的可复制性和推广性，本板块将本书的精选案例分为文化类、政策类、社会事件类三类案例进行经验总结，同时对全国首个网络舆情分级与判定标准——广州市地方标准《网络舆情分级与判定》(下简称"广州标准")的建立与升级进行探讨，以期为粤港澳大湾区打造多阶层、多维度、多主体的媒介化治理生态体系作出一些有益探索。

文化类案例

　　本书选取大湾区多地推进文化主题活动、咏声动漫深挖中国传统文化等作为文化类的典型案例进行分析，并进一步邀请暨南大学新闻与传播学院副院长罗昕教授、苏州大学传媒学院张健教授、香港岭南大学陈婷婷教授和谢妮娜助理教授、澳门科技大学人文艺术学院张志庆教授、广州大学新闻与传播学院曾丽红教授、广州大学新闻与传播学院李鲤教授等专家参与案例点评，对有益经验进行总结、提炼，对此类舆情事件媒介化治理提出展望。

## 一、文化类案例媒介化治理亮点

### （一）运用新型媒介技术，推动文化传承创新

　　大湾区多地推进文化主题活动实践凸显了灵活运用新媒介技术和形式使文化传播更加丰富多元，更能吸引和满足受众的文化需求。陈婷婷和谢妮娜提出，新型媒介技术（如新媒体、VR 和 NFT 等）成功推动了传统广府文化的传承和创新，不仅丰富了文化传播的形式，也拓宽了文化传播的渠道，使更多的人能够以更便捷、直观的方式接触和了解到广府文化，增强了文化的吸引力和影响力。曾丽红认为，相关案例中，快闪、元宇宙、YY 直播、动漫文创轮番登场，紧贴潮流，借助主流媒体、政务

新媒体、微博大 V、流量平台等力量，充分发挥新型媒介的影响力和传播力。

此外，媒介技术的介入，有助于盘活传统文化资源。罗昕指出，当前内地媒体与港澳地区媒体的联动实践，强调以文化维度介入社会治理，善于发掘两地民生共通的文化情怀，并以电视节目、直播、音乐晚会、线上课堂等多样化的媒介形式盘活文化资源、传播主流声音，让主流思想全方位、多层次地深入广大民众社会生活，潜移默化中引导群众通过文化参与增强政治认同，这为文化导向的社会治理提供了可行有效的媒介化路径。

### （二）根据市场需求变化，调整文化传播策略

相关案例中，有关部门和企业通过不断的实践，掌握民众和市场的变化需求，及时调整文化传播策略，提高治理效能。陈婷婷和谢妮娜认为，通过网络直播、互动等新型方式，广府文化的一系列活动吸引了广泛的公众关注，显示了其在市场适应性方面的成功，使企业能够在快速变化的环境中保持竞争优势，满足消费者不断变化的需求。

此外，企业深入地参与文化和社区的活动，例如大湾区媒体通过报道传统文化、粤剧、舞狮、龙舟等传统元素，强化了民众对这些文化的认识和认同，有助于企业更好地了解文化的发展和变化，更准确地捕捉到市场的需求和机会。"合作和联盟"使企业可以与其他企业或机构合作，例如共同推广和参与各种文化节庆活动，如香港的功夫节、澳门的

妈祖文化节等，实现资源和能力的共享，共同应对文化变化带来的挑战。同时，在各个项目中实施"创新实验"，即企业在产品、服务、模式等方面进行创新和实验。例如，大湾区媒体结合现代科技手段，通过创新网络的融媒体形式，将传统文化元素融入现代生活中，打造出具有特色的文化 IP，如"粤伴湾"MCN 打造文化湾区 IP 孵化项目。通过不断的尝试和优化，企业可以找到最适应文化变化的策略，应对风险，创造价值。

### （三）推动优秀文化"出海"

相关案例强调文化自信，通过创新表达传统文化，在作品中注入国内外受众共通的情感和价值，讲好中国故事。通过拓展多元发展路径，实行差异化营销策略，推动中国文化产业走向世界。

咏声动漫在挖掘传统文化、文化"出海"等方面颇有经验。罗昕分析，该案例可推广借鉴的方法有：首先，咏声动漫通过深入挖掘中国传统文化元素，将传统文化和动漫有机融合，打造具有中国特色的动漫 IP，如历史传奇、神话传说等，使其成为中国文化的重要符号。其次，咏声动漫注重故事创作和叙事能力的提升，找寻各国文化中共通的语义空间，通过深刻的人物塑造、情节设置和视觉呈现，将中国文化与国际观众的情感联系起来，降低文化折扣，实现情感共鸣，使内容作品更具国际吸引力和影响力。最后，咏声动漫通过积极参与国际动漫展会、影视节目、文化交流活动等方式，扩大国际影响力。

## 二、文化类案例媒介化治理的现存挑战

粤港澳大湾区文化同源、人缘相亲、民俗相近。但在"一国两制"的背景下，内地和港澳在法律法规等方面仍存在差异。张志庆指出，目前内地媒介化治理的难点之一在于，针对不同地区文化与媒介法律法规下的网民予以说明形成共识，以及舆情治理内部本身构建可共同理解、一致的执行与审核标准。

同时，愈加复杂多变的网络环境和舆论环境，给相关政企带来新的挑战。一方面，如张健所言，如果创作主体不能怀着对传统与历史的敬畏之心，以流量和关注度作为设计指针，形式化、同质化、低俗化、"流量至上"等"反文化"或"去文化"的问题必然出现，所谓 IP 概念对传统文化的创造性转换也就成为文化市场上昙花一现的某个片段化的网红，构成对传统文化精深内涵的传播反噬。

另一方面，罗昕提出，网络舆论生态容易出现信息碎片化、混乱、虚假信息泛滥的情况。网络中虚假信息、谣言、不实观点等泛滥成灾，部分人为达到某种目的故意传播虚假信息，导致舆论环境的恶化和不确定性增加，使得网络舆论生态更加复杂、多变和具有挑战性。这需要媒体、政府和公众共同努力，来引导和管理网络舆论，维护良好的舆论环境。

### 三、文化类案例媒介化治理的优化之道

#### （一）政企协同发力，共创湾区文化IP

文化和旅游部曾在2020年11月发布的《关于推动数字文化产业高质量发展的意见》中提出，要"培育和塑造一批具有鲜明中国文化特色的原创IP，加强IP开发和转化，充分运用动漫游戏、网络文学、网络音乐、网络表演、网络视频、数字艺术、创意设计等产业形态，推动中华优秀传统文化创造性转化、创新性发展"。张健认为，2022年以来的粤港澳大湾区传统文化主题的系列活动正是IP化潮流的映射，实现了文化IP、新型媒介与情感传播的叠加效应。

政府在推动传统文化创新和网络舆论引导中充当重要角色。陈婷婷和谢妮娜建议，一方面，政府可以通过支持和推动各类文化活动，如湾区文化IP的创建和推广，促进文化和旅游的融合，加强湾区内的文化交流。另一方面，政府也可以通过合理的政策和规范，引导网络舆论的健康发展，在推广传统文化、增进社区感情和社会共识等方面发挥更加积极的作用。曾丽红也建议，相关部门和企业应充分利用粤港澳大湾区丰富的文化资源和新媒体技术，打造具有国际影响力的湾区文化IP，打通粤港澳大湾区的文化血脉，凝聚湾区文化认同。

### （二）构建多元传播路径，赋能社会文化治理

目前，相关政企积极开拓多元传播渠道，特别是利用自媒体渠道，提升文化 IP 的活跃度和覆盖面，将内容精准投送给目标受众。除此之外，主流媒体也应该发挥自身优势，谋求多元发展路径。李鲤认为，从湾区媒体的具体文化传播实践出发，以技术、文化 IP、情感、策划为核心的媒介化治理策略，其本质上回应的是"文化如何通过媒体传播"的根本问题。在具体的传播路径提升上，建议内地主流媒体做到以下两个方面。

一是构建多样化文化沟通社群。数字技术的发展为受众的多元化选择提供了可能，基于特定需求和文化兴趣的"社区""圈""群"逐渐兴起。为此，要根据数字时代受众的交流习惯和不同社群的适配语言，针对特定传统文化议题构建多元化沟通交流渠道。二是进一步将策划意识延伸为智库建设，依托于智库建设，内地主流媒体既可摆脱传统新闻生产在采编和宣发上的劣势，又能够充分发挥制作原创优质文化内容的优势，以及在政府资源、社会资源积累上的优势。未来，可进一步促进以媒体融合为核心的政产学研有机协作，搭建湾区传统文化型智库，进而有效地为社会文化治理续航赋能。

### （三）重视舆论自组织性，强化风险管控

新媒体时代，网民自主参与内容创作的积极性和能力进一步提高。如咏声动漫初代"猪猪侠"走红时，网民的二次创作在社交平台形成了现象

级火爆话题。同样的，在广府文化的传承和创新中，互联网和社交媒体被用作传播和推广传统文化的工具，吸引了广泛的公众关注和参与。

陈婷婷和谢妮娜提出，网络舆论的自组织性体现在网民自发生成和组织内容的能力上。在这种自组织系统中，PGC（专业生成内容）和 UGC（使用者生成内容）往往是共存的。PGC 可以提供更为专业和高质量的内容，而 UGC 则更加多元和自发。两者结合，可以使媒体平台更为丰富和活跃。两位教授认为，因应这一特点，应加强风险管控。第一，由于网络舆论的自组织性，信息的来源可能多种多样，不同的人会围绕同一话题产生不同的讨论和舆论。需要相关平台加强对信息真实性和准确性的审核和监控，防止错误信息或假新闻的传播。第二，政府和文化组织可以通过适度的引导和监督，如设置相关规范和标准，引导网络舆论朝着有益于社会和谐和发展的方向进行。第三，自组织性的网络舆论可能会表现出舆论多样性。在尊重多元声音的基础上，也需要防止某些极端或有害的声音过度扩散，保持网络舆论环境的平衡和稳定。

## 政策类案例

当今信息化社会，充分运用媒介化治理策略完善政策宣传的重要性不言而喻。在政策的制定与执行过程中，有效的传播策略是确保政策目标得以实现的核心环节。良好的政策宣传能够提高公众的认知度、理解度和参与度，从而推动政策的顺利执行和社会接受。本研究总结前文"澳车北上""港车北上""内地与香港全面恢复通关"的案例经验，邀请中国社会科学院工业经济研究所副所长、《中国经营报》社长季为民，苏州大学传媒学院张健教授，广东外语外贸大学新闻与传播学院副院长罗坤瑾教授，广州大学新闻与传播学院李鲤教授，澳门科技大学人文艺术学院张志庆教授，广州大学新闻与传播学院徐来讲师参与案例点评，对有益经验进行提炼，就进一步提升这类舆情事件媒介化治理提出展望。

## 一、政策类媒介化治理案例亮点剖析

### （一）政媒协作打造立体化公共传播系统

政府与媒体的紧密协作不仅可以使得政策的基本信息得到广泛传播，而且通过专业媒体人的深入解读，政策的背景、目的、影响及实施路径等也都能得到全方位的展现。在本书"澳车北上""港车北上""内地与香港全面恢复通关"等政策类媒介化治理案例中，政府部门不仅通过新闻发布会介绍政策概要，还主动联合抖音、微信、微博、Facebook、Twitter、YouTube等海内外新媒介平台进行内容分发，从人才交流、大湾区合作平台搭建、经济预测与复苏等不同角度分析相应政策如何实施及提升公众生活质量。

当前数字化和信息化的时代，媒介逻辑进入社会的方方面面，政策传播的逻辑、模式和机制都在改变。"澳车北上""港车北上""内地与香港全面恢复通关"等惠及粤港澳大湾区民众的重要政策，是粤港澳大湾区一体化和协同发展的重要一步，粤港澳各地民众是相关政策的实践者和受益人。相关政策的推行与落地，对民众层面而言出行更为便利，从粤港澳大湾区融合层面而言则更有利于持续促进三地的互联互通。基于该背景，季为民与罗坤瑾均表示，相关政策的实施与宣传过程中，政府主动联合海内外媒体平台进行内容分发，政媒协作以立体全面的传播链为基础，扩大政策传播覆盖范围的同时，也可以触及更广泛的受众，提高政策传达的大湾区影响力。

李鲤以"内地与香港全面恢复通关"为例指出，政府与媒体共同应对，不仅通过主动信息公开重整信息秩序，搭建官方与民间的信息沟通渠道，以社会信任助力"内地与香港全面恢复通关"政策的推行；还通过主动议程设置，将宏观政治政策与经济文化活动进行勾连，为"内地与香港全面恢复通关"政策施行营造正面舆论氛围。此外，徐来认为，粤港澳大湾区作为中国对外开放的前沿、国家与海外进行合作交流最密切的地区之一，借"澳车北上""港车北上""内地与香港全面通关"等具体案例来"讲好中国故事""讲好大湾区故事"，是进行良好国际传播的一大契机，在政策的宣传过程中，政府更应主动与海内外媒体进行协作，实现海内外平台全域分发。

**（二）媒体联动构建全方位政策传播图景**

在媒介化治理的大背景下，充分发挥媒体联动的作用，是构建全面政策传播图景、推动社会治理创新的重要途径。在本书"澳车北上""港车北上""内地与香港全面恢复通关"等政策类媒介化治理案例中，各媒体平台之间相互配合、共同作用，不仅形成线上线下相结合的传播模式，实现对不同受众群体的全方位覆盖，不同媒体平台还各有侧重，通过图文结合、短视频、直播等不同表现形式，塑造立体化的政策宣传内容，从不同角度、用不同形式展现政策内容，不仅使政策宣传更加生动和易于理解，也有助于深化公众对政策精神和细节的认识，确保政策信息的准确传递和高效普及。

在本书"澳车北上""港车北上"案例的政策传播中，境内主流媒体和官方媒体通过 App 宣传惠民政策，并且联合短视频平台推出系列报道，用生动活泼的报道介绍政策申报流程、直击通关首日情况，并联合微博等社交媒体平台上的政务新媒体打造系列报道。此外，深圳卫视与香港电台结合"港车北上"政策所向，合作推出创新栏目——《CHILL 爽自驾游》，并邀请著名艺人参与到政策推广中，让受众沉浸式体验"港车北上"，使政府与公众更紧密地连接，实现更加透明、高效和参与度高的政府传播。

对此，罗坤瑾指出，不同社交媒体平台拥有不同的用户群体和特点，各媒体平台进行联动，利用不同平台进行内容分发可以吸引不同的受众群体，有助于以多样化的方式呈现政策内容。张健表示，粤港澳大湾区媒体在对"澳车北上""港车北上"的报道上，综合运用图文、短视频等形式，在微博、抖音等社交媒体平台介绍政策申报流程、直击通关首日情况等，并借助政务新媒体、网民转发等形式进行二次传播。在海外社交媒体账号中，矩阵推送政策，并迎合受众理解偏好，运用数据分析、科普漫画等创作手法解读政策，实现了政府、媒体与公众在信息沟通中的同频共振，充分表明三地媒体在政策传播上的融通与进步。

同时，在本书"内地与香港全面恢复通关"的案例报道中，张健分析认为，相关政策经过电视、网络、其他数字媒体等多种多样的媒介与传播形式呈现在观众面前，传播过程被集中与强化，"通关"在诸多的新闻事件中更具垄断性。此外，粤港澳三地主流媒体立足于全球框架对"全面通关"信息进行解释，体现了粤港澳三地官方在媒介文化中的影响力，一定程度上改变了港澳政府及相关人士在国际舆论场上的不利形象。更重要的是，三地主流媒体对于"通关"事件的报道尤其各种正面报道，使得大湾区体系中的港澳政府获得了自己在传媒矩阵和事件定义的主导权，一定程度上抵消与批驳了此前一个时期境外媒体对粤港澳尤其港澳的关于"政府无作为""经济复苏无曙光"等负面说辞，同时再构或重构了粤港澳这一国家建设大局中的"我们感"。

### （三）多重互动贴近多元化社会情感诉求

数字媒体时代，政策宣传已经不仅仅局限于单向度的信息发布，而是需要构建起一种多维度、多形式的互动机制。这种机制能够使政策制定者与公众之间产生密切的联系，满足社会群体在理解、参与和情感共鸣上的需求。

在本书"内地与香港全面恢复通关"案例的政策传播中，除了将内地与香港全面恢复通关和大湾区合作建设的新闻结合报道外，官方媒体通过社交媒体积极与网民的及时互动也起到了重要的推动作用，利用社交媒体平台发布全面通关后的生活与旅游攻略，将公众的关注点与大湾区建设紧密联系在一起实现情绪传播。而在本书"澳车北上""港车北上"案例的政策传播中，多家自媒体自发在Twitter、Facebook等境外网站上发布相关帖子，例如"继澳车北上之后港车也能北上了？"等帖子，介绍"澳车北上""港车北上"通关消息的同时，也保持了与受众的互动。

换言之，宽松、去中心化、扁平化的媒介化情境能够促进公民与公民、政府与公民的良性互动关系。不同于传统治理模式对政府内部权力资源的整合，媒介化治理倡导政府对外部主体的权力分享。罗坤瑾表示，本书中关于"澳车北上""港车北上""内地与香港全面恢复通关"等政策的宣传过程中，新媒体矩阵的构建增强了互动和反馈机制。因新媒体平台具有的互动性，可以帮助政策传播者更好地与受众互动，这种即时的互动有助于政策的调整和改进，强调了此类政策宣发议题的多元化主体参与和共治。李鲤则认为本书中关于政策类案例的媒介化治理可借鉴之处在于，通过发挥新媒体连接公众、渗透式传播的技术优势，积极听取并回应社会情绪，牢牢把握并引导"内地与香港全面恢复通关"政策可能引发的舆论发展方向。

## 二、政策类媒介化治理的现存挑战

在当前信息快速流转的社会环境中，政策类信息的传播，其有效性直接影响政策的理解、接受与执行。正如季为民所说，政策的效果如何不仅在于发布，更在于发布之后的传播，只有融入当地人民的生活之中，起到实效，才能算是完成，而如何把政策讲好，考验着发布者和内容生产者的水平。然而，在实际操作中，政策宣传面临着不少挑战，这些挑战制约了政策直达公众效果的最大化，并可能引起公众对政策的误解或反感。

张健以本书"澳车北上""港车北上"为例，点出目前我国内地主流媒体的主题宣传往往"以我为主""以政策宣讲为主"，易落入几大窠臼。其一是重理论宣讲轻解读分析，重宏大叙事轻小切口呈现；其二为报道篇幅冗长，精细化加工不足，青年网民往往敬而远之；其三则是不太注意与公众的情绪与认知保持平视，往往过分渲染与夸大。李鲤认为"澳车北上""港车北上"相关政策类媒介化治理过程中尚存有待提升之处：首先，在新媒体与传统媒体的联动上，仍然存在传统媒体主导的现象，新媒体仅作为辅助手段转发传统媒体内容，未能充分发挥新媒体对"澳车北上、港车北上"政策传播的新技术优势；其次，在具体的报道内容层面，报道主题显得较为分散，未能形成"澳车北上、港车北上"政策解读的系列专题，在一定程度上削弱了媒体联动的效能。

此外，李鲤通过分析本书案例"内地与香港全面恢复通关"指出，在此类政策宣传事件的媒介化治理中，政府和媒体的应对也存在需要提升和优化的方面。例如，在具体的新闻报道方式上，依然呈现出较为强烈的专家偏向，普通公众的声音被作为次要内容，未能在新闻媒体中提升可见度，容易再次落入自说自话的困境。同时，"内地与香港全面恢复通关"

报道的延续性未能得到重视，大量报道集中于事件初期，政策施行后实际带来的正面社会效应未能得到关注，也因此错失了放大正面舆论、增强社会信心的机会。

### 三、政策类媒介化治理的优化之道

针对本书中"澳车北上""港车北上""内地与香港全面恢复通关"等政策类媒介化治理案例的不足之处，各位专家学者从尊重地方文化认知差异、结合事理与社会情感等可提升角度，指出未来关于政策类媒介化治理策略的优化之道。

#### （一）正确认识地方文化与认知差异

众所周知，不同区域的历史背景、传统习俗、价值观念及语言使用等都构成了独特的地方文化。这些因素深刻影响着公众如何理解和接受政策信息。若忽视这些文化和认知差异，即便是最好的政策，也可能因为传播方式的不恰当而变得效果甚微。张志庆指出，惠及多地的政策和内容通报，当然有赖于各地多种平台的发送，影响力的效果可能因传播渠道等变量的不同，以及基于政策的在地化理解而产生差异。因此除了繁简等基本政策的"一键转换"，每一条政策在发放时的消息来源渠道以及适当的释法、解释及转译说明，同样是平台同信息发放之余有益的补充，这里面时常还可以有赖各地政策法规、跨地域文化研究等相关专家的诠释及说明。

不同地区人民因涉及年龄、受教育程度、社会阶层、媒体使用习惯等各方面差异，在接收主管部门、主流媒体的政策信息发布、传播过程中，必然会产生不同程度的认知差异。例如在"全面恢复内地与港澳人员往来的消息"的议题上，内地与香港新媒体关注议题便存在明显差异，若处理不妥，反而可能会为政策传播带来负面效应。徐来以香港青年群体的媒介使用为例，指出其更多习惯于登录 Facebook、Twitter、WhatsApp 进行信息浏览阅读，因此相关政策信息需要准确翻译成与汉语相对应的英文版信息发布到国外媒体平台，并以此强调主流媒体在跨区域、跨国家进行传播时，需要正确认识到这种文化认知差异的合理性，做好准备迎接一定时期内任务的艰巨性，做到舆论宣传上求同存异、舆情引导上刚柔并济，以期制造政策传播中的大多数共识，配合推动国家政策大局的发展与落地。

罗坤瑾表示，"澳车北上""港车北上""内地与香港全面恢复通关"等，此类作为正面事件的政策性议题，往往舆情态势向好。但在政策性议题的发布和传播过程中，也需要注意平台特性和受众差异，避免信息传播不及时、不全面，以及信息失真及受众误解，还需谨慎对待不同平台上产生的信息差异，确保政策信息的一致性和准确性。除了通过常规的政策传播途径进行全链路报道与全域内容分发之外，还可以开展公众参与和讨论、设立反馈渠道，以及相关政策的教育培训，通过鼓励公众参与政策制定的过程，收集公众意见和建议，以量身定制宣传内容，并针对政策涉及的关键群体，通过工作坊、培训课程等形式进行，以加深大众对政策的理解和认可，提高政策透明度和民意代表性。

## （二）充分融合具体事理与社会情感

事理涉及政策的逻辑性、实用性和操作性，而情感则关乎政策能否触及人心、引起共鸣，将具体事理与社会情感结合是增强政策传播吸引力的有力手段。徐来就此分析表示，目前"讲好中国故事"，尤其应当在讲述中注重"三合"，即：点和面的结合、具体案例与政策方针的契合、事理与情感的融合，因此，借"澳车北上""港车北上""内地与香港全面恢复通关"等具体案例来"讲好中国故事""讲好大湾区故事"，是进行良好国际传播的一大契机，主流媒体应当把握这一机遇，坚持丰富媒介要素、主动融合海内外平台、实现内容全域分发，宣理于策、传情于事。

为避免政策宣传过程中出现"重理论宣讲轻解读分析，重宏大叙事轻小切口呈现"的情况，徐来还表示，政策发布过程应配有具体而生动的故事讲述、视频人物采访、鲜活生动的画面设计，求同存异、以情动人，以"众星拱月"般的舆论宣传势态，将所要传播的政策信息讲深、讲细，以受众能够接受的方式传达出去。

针对前文提到的关于目前政策类媒介化治理中存在"主流媒体报道篇幅冗长，碎片化加工不足"的问题，罗坤瑾指出，主管部门和主流媒体在宣传政策内容时，应当采用易于理解和普及的语言，避免使用过于专业化或复杂的术语，以确保政策信息清晰易懂的同时，也使得传播更具吸引力。季为民也表示，应灵活选择政策报道的角度，以多样化内容满足社会的信息需求。政策的发布与传播，不仅需要宏观视角的解读与分析，还需要从贴近社会情感诉求的角度出发，进行微观细节上的呈现与跟进。

### （三）灵活运用信息技术呈现多维内容

在媒介化治理的大环境下，媒体技术的引入为政策宣传带来了革命性的改变。此时的政策宣传已经不能局限于传统的单向度输出，而应当充分利用现代信息技术，打造更为丰富、互动和立体的内容展示方式。罗坤瑾根据本书案例进行讨论分析认为，在粤港澳大湾区相关政策的宣传过程中，主管部门与主流媒体可通过信息技术、PUGC 模式生产科普漫画、图文、视频等多维度多角度的内容，引发大湾区居民的关注和理解，进而形成 UGC 的良性讨论。

季为民也指出，在政策类媒介化治理技术层面，要善用新媒体环境下的技术要素，建立用户思维。尤其在内容分发的过程中，应把握社交媒体时代以用户为中心的优势，调动社会多元主体的力量。例如，在抖音等短视频平台的评论区，易聚集起相似经验的人以普通人的个体视角进行分享，这些内容在丰富展现政策实施效果的同时，也可扩大正面报道的传播范围。

总体而言，媒介化治理背景下的政策宣传必须紧跟技术发展的步伐，运用多种信息技术手段，构建立体、多维的宣传体系。通过这种方式，可以使政策传播更加高效、广泛，同时也能够促进公众的积极参与和良好互动，共同推动治理体系和治理能力的现代化。

## 社会事件类案例

　　本书选取 2021 年广州多部门联动保障高考顺利进行、广州荔湾阿婆确诊后营造众志成城舆论氛围、广州地铁 21 号线神舟路地铁站进水事件等作为社会事件的典型案例进行分析，为进一步总结经验，邀请中国社会科学院工业经济研究所副所长、《中国经营报》社长季为民，苏州大学传媒学院陈龙教授，暨南大学新闻与传播学院罗昕教授，广东外语外贸大学罗坤瑾教授，广州大学新闻与传播学院曾丽红教授，广州大学新闻与传播学院徐来讲师等专家参与案例点评，对有益经验进行提炼，并就进一步提升这类舆情事件媒介化治理提出展望。

## 一、社会事件类媒介化治理案例亮点剖析

### （一）及时公开信息，抢占公众"第一印象"

　　突发公共事件具有破坏性、不确定性、扩散性等特征，往往对国家安全、社会秩序、公民人身安全及财产构成重大威胁和损害。徐来认为，广州各部门单位在精准把握突发公共事件媒介呈现的"时度效"上有明显优势，绝大多数能够在事发后做到不回避、勇担当，第一时间积极响应处

理，其中的经验值得借鉴。

广州地铁 21 号线神舟路地铁站进水事件中，广州地铁在事发后第一时间通过多渠道发布停运信息，告知市民地铁最新的运行情况。季为民分析，这种及时发声的作法，体现了相关部门积极、诚恳、正面的解决问题的态度。另外，及时披露信息也可以抓住舆论引导传播先机，减小谣言传播的空间，并起到缓解社会矛盾和冲突、维护社会秩序稳定的作用。

"广州荔湾阿婆确诊"事件所涉及的新冠疫情的爆发和传播对广州市的公共卫生安全构成了严重威胁，并引发社会各界的舆情风暴，政府信息发布的及时性、透明化是舆情事件处置的关键。罗昕分析，在"广州荔湾阿婆确诊"事件中，政府部门迅速公开郭阿婆的行动轨迹与病情发展，回应公众关切，消除社会恐慌情绪，通过多种媒介手段和形式还原事件，完整、真实地披露信息，避免真相在舆论传播中被歪曲隐瞒，保证广大受众的知情权，掌握媒介化治理的主动权。

## （二）构建传播矩阵，强化正向舆论引导

在多起公共危机事件中，广州相关部门构建全媒体矩阵，利用各个传播载体的不同特点和优势，迅速触及具有不同需求的受众，有助于更多受众理解事件全貌。

如广州地铁与媒体联动进一步加强舆论引导，并通过官方网站、微博、微信公众号等多渠道发布权威信息，及时对谣言进行辟谣。同时，邀

请专家进行解读等方式，提高市民对地铁系统的认识和理解。通过加强舆论引导，减少负面言论和谣言的传播，避免舆情发酵。陈龙认为，有关部门有效调动全媒体矩阵中的各传播载体，触及具有不同媒体使用习惯的受众。变"被动应对"为"主动发声"，从"请您别说"转变为"来听我说"，挤压了谣言和有害信息产生的空间，有效防止了舆论偏转与扩散。

罗昕则表示，相关部门利用微博、微信、抖音等新媒体传播平台，构建传播矩阵，进行舆情布局。洞悉舆情演变，把握时机，发布政策解读、知识科普等，抓住舆论引导传播先机。

### （三）构建情感叙事，实现共情传播效果

相关案例中，主流媒体构建共情叙事，凝聚社会共识。如通过情感包装和故事叙述的方式对事件内容进行传播，让公众聚焦于相关部门治理有效的讨论，以安稳网络社会秩序，从而实现了对个体情绪到社会情绪的过程性、系统性治理。

从有关部门的处理方式来看，罗昕表示，相关案例体现了广州政府部门善于构建情感叙事，通过共情传播实现"人性化"情感动员。无论是高考改革、地铁进水，或是疫情防控，都是关乎社会民生的重要领域，极易引发社会舆论关注与讨论。政府及时准确地介入引导公众情绪能够有力地扭转舆情的发展方向，化解舆情危机。曾丽红认为，有关部门利用社交媒体开展舆论引导，激活网民的在线社交网络，增强"网感"即视感，善用

网民喜闻乐见的画风语态来表达，建立"数字共通"的交流情境。

## 二、社会事件类媒介化治理的现存挑战

### （一）信息鱼龙混杂，影响公众理性判断

新媒体时代，网络信息鱼龙混杂，给网民甄别信息带来一定的困难。甚至，一些谋求眼球经济效应的信息，还会煽动网民情绪，导致其价值判断与事实偏离。罗坤瑾认为，在危机或重要社会事件中，信息的不准确性和虚假性，会影响公众对事件的理解和决策。

徐来指出，目前，信息技术的快速发展和普及使得信息的传播速度和范围不断扩大，不明确的信息来源、制造谣言或有恶意的假新闻时有发生。特别是，伴随 5G、人工智能、虚拟现实等智能技术的发展，大量社交机器人隐匿在网络舆论场中发布、传播以及引导特定舆论。但是，现有内容过滤与审核机制还难以弥补内容审核与智能传播之间的时间落差，导致信息传播出现偏差。甚至，出现传播虚假、错误信息的情况，煽动群众负面情绪，导致舆论变形甚至舆论极化，在一定程度上加剧了主流媒体的话语主导权的稀释和解构。

### （二）多元诉求叠加，加剧网络舆论失焦

目前，中国正处于社会发展的转型期，政府社会治理面临着经济民生诉求和多元利益交织的现状。对于社会群体的多元诉求，网络舆论数量大

大增加的现状，季为民、罗坤瑾分别从两方面进行解读。

一方面，社会群体拥有各种不同的诉求和观点，如何处理和整合这些多元化的诉求，确保各方的声音被充分表达和得到关注，是治理舆论生态的挑战之一。另一方面，近年来，社交媒体迅速发展，言论的数量大大增多，圈层化传播的现象更为凸显。众多小圈子形成，却缺乏统一的引导和整合，舆论失焦的可能性加大。自媒体环境下"新闻搭车"极为普遍，多元表达中舆论的众声喧哗成为常态，使舆论引导的共识越来越难以达成。

季为民还提出，在技术理性的主导下算法逻辑盛行，个性化推荐使得用户被单一的内容体系包围，更容易出现群体极化现象。个体在舆论传播中获取信息和知识的能力和速度不同，个体与个体之间的认知、视野产生越来越大的差异，加剧了大众的知识鸿沟。除了圈层传播和知识鸿沟使整合舆论的复杂性加大，智能化传播的时代背景也需要舆论引导在传播技术上不断革新。AI生产、互动新闻等新型传播方式层出不穷，给全流程、多渠道的信息发布与跟踪带来了新要求。提升社会治理效能这一问题是在媒介化社会中存在的现实问题，就目前而言，如何提升社会凝聚力、增强社会认同感，已经成为更为复杂的时代考题。

### （三）专业能力有限，团队构建难度大

从前文可以看到，目前，网络舆论环境呈现复杂多变的特点，对政府的舆情信息把控能力及治理能力提出了更高要求。但是，有关部门的舆情

团队专业能力有待提高。

徐来提出，舆情治理需要以高级数据分析技术的开发和运用为前提，不仅要对公众的语言、态度等信息进行分析，还要采用各种统计模型、数据挖掘技术，对社交媒体大数据进行处理和分析，以形成合理的应对策略。此外，打造一套完善的舆情生态治理体系，需要拥有一支高素质的专业化的舆情团队。该团队除了需要掌握传统的舆情分析与管理方法，还需要在人工智能、大数据分析等领域有丰富的经验和技能。

## 三、社会事件类媒介化治理的优化之道

### （一）完善预警机制，抢占治理先机

舆情预警机制的完善，有助于有关部门及时预判可能引发公众关注和讨论的话题，以便采取相应的措施进行干预和引导。罗昕提出，舆情事件最好的应对方式是"防患于未然"，在重大民生事件的网络舆情发酵之前，政府部门应更加及时地做好舆情应对预案与预警工作，提前预判、及时监测，将舆情止于"悠悠之口"之前。

季为民建议，舆情管理者应构建舆情监测和反应系统，加强日常舆情分析，从各个层面和角度深入了解舆论情况，以便在舆论引导时不错失良机。在未来的舆情生态治理中，要作好危机的识别，利用区块链等技术，通过人工智能的大数据识别功能，最大程度将危机和虚假信息扼杀在摇篮中。

## （二）创建反馈机制，凝聚社会共识

政府治理离不开公众参与。因此，相关部门应该切实提高公众参与的积极性和质量，才能更好地保证治理效果。

罗坤瑾表示，在媒介化治理过程中，平衡舆论的开放性和秩序性尤为重要，譬如权威机构和民意之间的平衡。权威的传播需要透明度和可信度，同时也需要考虑民意和社会诉求，确保政策和措施符合公众利益。为此，应创建公众参与和反馈机制等方式来引导公众客观看待事件，凝聚社会共识，提升治理效率。通过开放透明的沟通、社会教育和多元化的信息传播，可以减少恐慌和误解，促进社会稳定和谐。

## （三）加强科普教育，提升媒介素养

当前，网民在面对海量纷繁的信息时，容易出现判断错误，出现轻信谣言等问题。因此，相关政府部门平时须通过线上线下的科普宣传和全民普及性媒介素养教育，帮助公众面对舆情事件时保持理性。罗坤瑾表示，有关部门应该加强对公众的教育和科普宣传，提高公众对网络社会舆情事件的理解。

徐来提出，公共舆情治理需政府部门平时打造好治理架构下民众的底层素养基础，在舆情事件发生后，就能事半功倍地促进民众更为理性地看待舆情事件，凝聚社会共识，减少社会议论演化为社会舆情的风险，提升治理效度。

# 广州制订网络舆情分级与判定地方标准

　　2018 年，广州市地方标准《网络舆情分级与判定》（下简称"广州标准"）发布、实施，通过大量的实践，取得了良好效果。随着视频、音频及自媒体在网络舆情传播中的广泛应用，给网络舆情分级与判定带来了新的应用场景和挑战。由广州市委网信办、广州市网络舆情信息中心牵头，广州市标准化研究院、广州市广播电视台、暨南大学计算传播研究中心、华南理工大学数据分析与信息可视化研究中心等组成编制组，对"广州标准"进行修订，于 2023 年发布"广州标准 2.0"。修订后的"广州标准"，实现了舆情监测、评价、研判的全流程网络舆情评价，使得网络舆情评价指标体系更加完善。"广州标准"从 1.0 向 2.0 迭代，不仅是创新，还是根据新媒体时代网络舆情的变化，不断优化舆情分级与判定机制的结果。

## 一、"广州标准 2.0"的前瞻性探讨

### （一）统合网络舆情分级与判定理论

　　2023 年更新的"广州标准 2.0"中规定的网络舆情评价指标，包括媒体传播评价、舆论强度评价、民意态度评价、舆情演变评价四个二级指标。其中，"媒体传播评价"通过媒体集中度、媒体权威度、媒体稿件差异、媒体地域范围等来判断舆情事件中媒体的介入程度及媒体的传播范

围;"舆论强度评价"通过话题敏感程度、单位时间波动程度、平均持续时长以及舆论强度专家评价来判断特定舆情事件在时间和空间上的舆论强烈程度;"民意态度评价"通过活跃网民占比、网民互动质量、网民情感积极性、民意态度专家评价来评判特定舆情事件中的主体议员表达强度和态度倾向;"舆情演变评价"从舆情热度演化趋势和网民情感演化趋势来衡量特定舆情事件的后续演化趋势。

徐来通过仔细分析"广州标准 2.0"涵盖的全流程网络舆情评价标准指出,"广州标准 2.0"中提到的网络舆情评价指标体系,均由公式运算得出舆情事件综合得分,评价体系兼具条理性与灵活性,杜绝评价标准"铁板一块",而是能够根据网络治理的具体情境进行分值的微调,对不同案例的评价结果也更显公平。因此,该标准的推出再次体现广州在城市公共管理探索上"敢为天下先"的积极进取探索精神,这在粤港澳大湾区范围内乃至全国范围内都具有一定的先进性和创新性。

季为民、陈龙、张志庆、罗昕等专家学者也均从理论方面对"广州标准 2.0"的前瞻性进行探讨,认为"广州标准 2.0"不仅厘定了网络舆情评价指标的相关概念,还通过建立评价指标体系、采取严密公式计算的方式,划分出网络舆情风险的四个等级,对于网络舆情分级与判定起到理论统合的效果,在理论上极具指导性和创新性。张志庆更是表示,"广州标准 2.0"的重要性和必要性是显而易见的,在治理时如无行业准则,特别是与时俱进的参照依据则有损于大局,也可能造成理解偏差,有违初心。

### （二）优化舆情处理程序，实现跨区域合作

除了界定网络舆情评价指标的概念外，"广州标准2.0"还通过规定网络舆情分级与判定的一般流程，以增强其现实运用的可操作性。"广州标准2.0"中明确提出，特定舆情事件的网络舆情风险将根据前文所提到的媒体传播评价、舆论强度评价、民意态度评价、舆情演变评价四个指标，通过数据汇总分析，得出初始的自动化系统评价结果。当自动化系统评价结果低于或等于舆情监测主体设定的阈值时，自动化系统评价结果为最终综合评价结果；当自动化系统评价结果高于舆情监测主体设定的阈值时引入专家辅助评价，最终综合评价结果应由舆情监测主体根据自动化评价系统结果和专家辅助评价结果研判后确定，并根据"广州标准2.0"严格划分的舆情风险等级进行事件的舆情风险程度评估。

张志庆表示，"广州标准2.0"在粤港澳大湾区范围内极具前瞻性，特别是其算法与变量统计的公式科学性，是其得以快速推广的前提。实际操作中除了方法论讲解外，相应的效度测试、地方不同变量的前测调整，或将使其适配性更强。罗昕指出，近年来广州市在网络舆情工作中取得的成绩有目共睹，特别在突发事件中以及时、公开、透明、权威的工作态度有效化解了舆情危机，提高了政府的公信力，展现了城市治理能力。广州市地方标准《网络舆情分级与判定》的制定与出台，以科学严谨的方式划分网络舆情等级，彰显了广州对于网络舆情工作的务实性和前瞻性。

## 二、"广州标准2.0"的实践推广价值

### (一)推进网络舆情风险预警研判

新媒体时代,网络舆情反映的是网民对社会现实事件的态度、意见与看法,折射出当下的社会情绪与社会心理。网络空间形成的"意见的自由市场",使得无数的信息、言论打破时间与空间的限制在其中交锋交融。在理想化的网络传播秩序之下,各种意见能够进行充分的讨论与碰撞,正确的、理性的意见能够战胜错误的、偏激的意见,从而实现网络舆论的"自净化"。但是,在现实的网络空间之中,充斥着不明来源的信息,算法机制加剧的信息茧房,加之"水军""控评"等社交机器人手段恶意扰乱网络生态。

基于上述背景,罗昕认为,"广州标准2.0"强调分级分类的评估思维,通过公式与指标体系的计算,既能够迅速、有效地识别出风险程度较高的网络舆情,为后续的舆情处置方案提供有益参考,从而及时、准确地介入其中对舆情风险采取干预措施;又能够在面对风险程度较低的网络舆情时遵循适度引导的原则,在不过分干预的情况下维护网络舆论秩序,为培育风清气正的网络舆论生态营造了良好的发展环境,对网络空间进行有效治理具有很强的现实意义。

同时,陈龙表示,"广州标准2.0"完善了突发舆情事件的风险研判及应急处置体系,有助于实现突发事件情境下社交媒体网络舆情风险的有效识别,满足网络舆情的风险评估和预警需求,帮助相关部门精准有效地把

握舆情风险，为网络空间治理发挥实用性价值，可向其他湾区城市推广、复制，助力其提升网络治理能力和治理水平。

### （二）提供网络舆情治理参考路径

社交媒体时代，网络舆情风险常态化存在，网络舆情对提高社会治理成效具有重要意义，提供一个清晰的网络舆情治理参考路径对于构建一个秩序井然、积极健康的网络环境至关重要，同时也有助于实现政策目标，保护公民利益，并促进社会整体的和谐发展。

陈龙和徐来从上述视角出发，阐述"广州标准 2.0"向大湾区辐射推广的价值意义。其中，陈龙指出，"广州标准 2.0"为突发事件网络舆情的风险识别及研判工作提供了参考路径，强化了相关职能部门对突发事件网络舆情的风险态势感知与评估，为其提供了舆情处置依据与决策支持。徐来表示，"广州标准 2.0"不仅为舆情治理在政策制定和执行实践上提供了参照标准，而且对网络治理相关人员工作素养及水平的提升导向上予以了细化标准，具有向其他湾区城市推广、复制的普适意义，有助于为政府应对舆情危机提供更为科学的参考意见及技术指导。

此外，季为民认为，广州标准评价指标的建立科学合理，评价体系的范围也覆盖全流程，符合网络舆情引导对于持续性的要求。作为网络舆情分级与判定的系统性指导框架，"广州标准"以清晰可量化的数据指标为政府应对舆情危机提供技术指导，同时加入专家意见以及风险安全等级，可以为政府应对舆情危机提供科学的参考意见，在粤港澳大湾区范围内取得了较为先进的地位，对于其他湾区城市有着比较重要的借鉴意义。

### （三）促进网络舆情治理经验交流

统一的网络舆情治理标准有助于各地区采取一致的监测、分析和应对方法，这使得不同地区之间能够更容易比较和共享处理舆情的策略和效果。此外，标准化作为质量控制的一种形式，确保各地区在网络舆情治理中的服务水平达到一定标准的同时，也能促进地方之间在处理类似问题时的质量一致性。

罗昕与罗坤瑾，在分析"广州标准2.0"的实践推广价值时均点出，该标准的建立，不仅有助于提升单个地区的治理水平，也可以作为经验和信息交换的平台，促进地区之间的互学互鉴，共同提高网络舆论管理的整体效能和成熟度，共同推动网络舆情工作的高质量发展，为中国式现代化凝心聚力。

同时，罗坤瑾也指出，虽然该标准在大湾区范围内进行舆情分级判定的做法有其先进性和创新性，但也需注意各地区的文化差异和政治敏锐性。其他地区城市可借鉴并根据自身实际情况进行调整，制定相应的标准或管理方式，提升处理舆情危机的能力。

## 三、结语

自《粤港澳大湾区发展规划纲要》印发以来，无论是惠及粤港澳三地民众的政策宣传，还是岭南传统文化的弘扬，大湾区内部各城市共同协作，在信息传播等方面取得紧密联动，并利用互联网、大数据等技术手段优化资源配置，增强粤港澳三地媒体的公共服务功能。此外，还借助香港、澳门的国际影响力和开放优势，加强与全球媒介的交流合作，使湾区舆情治理效率和舆论引导能力显著提高，让海外受众了解到"中国故事""大湾区故事"。与此同时，作为粤港澳大湾区的核心城市之一，广州近年在媒介化治理上也取得了显著成绩。不仅在重大社会事件舆情的应对中，积极推动媒介资源整合，强化新闻发布机制和舆论引导，构建起多层次、全方位的传播体系，还通过打造城市品牌形象、推动文化交流等方式，有效提升了城市软实力和对外影响力。

　　然而，随着信息技术的快速发展，网络安全问题愈加突出，跨媒体、跨平台的内容监管成为湾区舆情治理的新难题。此外，区域内外文化差异和价值观念的碰撞，也对媒介化治理工作提出了考验，如何在保持地方文化特色的同时，融入大湾区的整体发展，并与国际标准接轨，对粤港澳三地而言是一个复杂的任务。在未来，为进一步促进湾区互联互通、优化区域网络舆情媒介化治理，粤港澳三地应当建立更加严格和科学的规范体系，在湾区范围内推动媒介化治理的标准化、规范化，形成有效的协作机制，这不仅有利于实现资源共享、优势互补，也有助于构建起统一开放、竞争有序的市场环境。同时，加大湾区各城市的国际交流力度，借鉴国际先进经验，结合本土实际情况，不断提高城市媒介化治理水平。最后，考虑到大湾区内部的文化和制度差异，未来的媒介治理还应注重多元化，尊重地方特色的同时，保持整体协调。

　　综上，大湾区在媒介化治理方面的亮点与挑战并存。只有通过不懈努力和革新，大湾区的媒介化治理才能达到一个新的水平，为区域乃至全球的信息治理提供有益的借鉴和实践案例。

**图书在版编目(CIP)数据**

粤港澳大湾区舆论引导与舆情应对精品案例 ： 基于
媒介化治理的思考 / 李春雷,黄楚恒,肖娟编著.
上海 ： 上海三联书店,2024.8. -- ISBN 978-7-5426-8583-4

Ⅰ. G219

中国国家版本馆 CIP 数据核字第 2024FH3201 号

# 粤港澳大湾区舆论引导与舆情应对精品案例
## ——基于媒介化治理的思考

编　　著 / 李春雷　黄楚恒　肖　娟

责任编辑 / 杜　鹃
装帧设计 / 一本好书
监　　制 / 姚　军
责任校对 / 王凌霄

出版发行 / 上海三联书店
　　　　　(200041)中国上海市静安区威海路 755 号 30 楼
邮　　箱 / sdxsanlian@sina.com
联系电话 / 编辑部: 021 - 22895517
　　　　　　发行部: 021 - 22895559
印　　刷 / 上海颖辉印刷厂有限公司

版　　次 / 2024 年 8 月第 1 版
印　　次 / 2024 年 8 月第 1 次印刷
开　　本 / 710 mm × 1000 mm　1/16
字　　数 / 140 千字
印　　张 / 13.5
书　　号 / ISBN 978 - 7 - 5426 - 8583 - 4/G · 1727
定　　价 / 89.00 元

敬启读者,如发现本书有印装质量问题,请与印刷厂联系 021 - 56152633